Dédié à mes parents :
Constant Georges MERITZA
(1929-2011)
Josiane MERITZA
(1936-)
et à celle qui partage ma vie
ma compagne Sophie

<u>Spéciale dédicace :</u>

Yoann MERITZA

L'ESPRIT
AU-DESSUS
DE LA LIGNE

Éditeur:

BoD-Books on Demand,

12/14 rond point des Champs Élysées

75008 Paris, France

Impression : BoD-Books on Demand, Norderstedt, Allemagne

Dépôt légal Mai 2018

ISBN : 9782322093304

photo de couverture :

licence : cco 1.0 universal / (cco 1.0)

graphisme : Yoann MERITZA

L'esprit au-dessus de la ligne

Copyright 00066444-1- © Yoann MERITZA

Avril 2018 – droits réservés

« - J'ai le sentiment que toute ma vie dépend de cet instant précis. Si je le rate...

- Moi je pense le contraire. Si on rate ce moment, on essaie celui d'après, et si on échoue on recommence l'instant suivant. On a toute la vie pour réussir »

(Boris Vian - « L'Ecume des jours »)

« Le courage, c'est d'agir et de se donner aux grandes causes sans savoir quelle récompense réserve à notre effort l'univers profond, ni s'il lui réserve une récompense. »

(Jean Jaurès)

QUELQUES MOTS SUR L 'AUTEUR

Yoann MERITZA est un auteur essayiste spécialisé dans le développement personnel, notamment en PNL (Paramétrage Neuro Linguistique), EFT (Emotional Freedom Therapy), et en Therapie Comportementale et Cognitive. Il s'est fait connaître dans plus d'une vingtaine de pays grâce à sa méthode qui a fait ses preuves, et rassemble de nombreux adeptes de sa philosophie du dépassement de soi. Il est l'auteur de « Succès Garanti » et de « Comment reprogrammer son subconscient ? »

Il est né le 28 mars 1978 à Bonneville en Haute-Savoie et a grandi à Cluses dans ce même département. Il a suivi des études en comptabilité et une formation de collaborateur PME-PMI où il a appris la PNL (Programmation Neurolinguistique). Il a participé à de nombreux stages et séminaires sur la communication et se passionne dans le domaine du développement personnel. Autodidacte dans l'âme, il continue de se perfectionner dans la communication et l'étude de la nature humaine en suivant les traces de nombreux auteurs du même thème tels que Napoléon Hill, Norman

Vincent Peal, Florence Scovel Shinn ou le docteur Joseph Murphy.

Il crée sa propre méthode en faisant des synthèses issues de ses nombreuses lectures sur le sujet et amène les lecteurs à une large compréhension du domaine de la croissance personnelle par une approche simplifiée pour une assimilation à tous niveaux, son souci étant toujours la précision du thème choisi et d'apporter aux lecteurs novices des réponses claires et abordables à tous niveaux culturels.

Son père, Constant Georges, décédé le 5 juillet 2011 à l'âge de 81 ans, était un modèle pour lui. Il était ancien combattant d'Indochine, et ancien membre des TOE-GCI, routier dans le civil, fut atteint d'un cancer de la gorge en 1981, il s'est toujours battu et avait cultivé un enthousiasme malgré son handicap, car il a compris à quel point la vie était précieuse et qu'il fallait la vivre intensément. C'était un ancien combattant à la fois pendant la guerre d'Indochine, et s'est battu durant le restant de sa vie. Il a toujours aidé Yoann à se relever et à surmonter les épreuves de la vie.

Yoann a baigné dans cet environnement où il fallait se battre tous les jours, il a toujours essayé d'aller de l'avant quoi qu'il arrive et a tenté de nouvelles expériences.

Il suit une scolarité normale jusqu'en 1993 avant de rentrer en école d'apprentissage à Saint Jeoire où il découvre les métiers d'électricien, de menuisier, de décolleteur et de soudeur, ce qui a fait de lui un « touche-à-tout ».

En septembre 1995, nouveau tournant dans sa vie, il suit un chemin dans le tertiaire en comptabilité au Lycée Professionnel Privé « les cordeliers » à Cluses, où il découvrit la bureautique et l'administratif, il apprit également l'informatique de gestion qui lui sert encore aujourd'hui dans sa vie privée. Mais rata son BEP de quelques points.

Sous les conseils de son ancien professeur de comptabilité, il retenta son BEP en 1998, qu'il obtint.

À partir de février 1999 à décembre de cette même année, il effectua son service national à Auxonne en Bourgogne au 511e Régiment du train, puis au 27e BCA à Cran-Gevrier en Haute-Savoie.

Après être sorti de l'armée, il décida de tenter son baccalauréat en comptabilité en candidat libre, il bûcha pendant des mois sur tous les sujets, devint son « propre professeur », encore aujourd'hui, autodidacte dans l'âme, il a su « s'auto coacher », il obtint son diplôme, mais décida de ne pas s'arrêter, se sentant pousser des ailes, il travailla dans l'industrie pour financer ses études par correspondance, ce qui fut pour lui « un gros morceau », tous les soirs à suivre ses cours, mais les résultats furent minces pour lui.

Il entreprit de reprendre des études en session récurrente en 2001, se renseigna auprès de centres de formations et auprès du « Centre d'Information et d'Orientations » (C I O) ou il était suivi par une conseillère qui l'aida à remplir les formulaires nécessaires à sa réinsertion en cycle professionnel.

En septembre 2001, il rentrait au Lycée Guillaume Fichet, il était alors âgé de 23 ans, quatre années le séparaient des autres élèves, un léger choc générationnel qu'il a su compenser, il s'est très bien adapté à ce milieu, et en juin 2003 il obtint son baccalauréat professionnel en comptabilité.

Il tenta par tous les moyens de passer son BTS, car à 25 ans, il était maintenant trop vieux pour les employeurs, s'agissant d'immersion en milieu professionnel en deux ans. Il essuyait des défaites, mais ne s'avoua pas vaincu. Il suivait quelques séminaires pour de grandes marques automobiles, notamment à Valence dans la Drôme.

En 2004, il saisissait une opportunité en or en suivant une formation de collaborateur PME/PMI à la chambre des commerces et d'industries de Scionzier en Haute-Savoie, il y découvrit la PNL (Programmation Neurolinguistique) où il apprit les outils pour façonner le subconscient, et diriger la nature humaine.

De 2007 à maintenant, il s'est intéressé aux sujets du développement personnel, du contrôle du subconscient et a lu beaucoup d'ouvrages sur les thèmes de la psychologie et du comportement, il a également suivi des séminaires de coaching. Il suit encore, et assez régulièrement des coachs en développement personnel.

Il est également membre de l'Union Nationale des Combattants (UNC-Alpes), et de l'amicale du 27e BCA.

INTRODUCTION

Bonjour à vous amis lecteurs,

Tout d'abord, pour ceux qui ne me connaissent pas encore, laissez-moi me présenter.

Je suis, j'étais et je serai, à la fois un auteur, un acteur, et un spectateur comme tout le monde, et je vous expliquerai plus loin pourquoi je dis ceci.

Je suis Yoann MERITZA, auteur spécialisé en développement personnel, notamment en PNL (Paramétrage Neuro Linguistique), EFT (Emotional Freedom Therapy), et en Therapie Comportementale et Cognitive. La nature humaine est devenu pour moi une source d'inspiration et l'étude comportementale me fascine, car il y a toujours matière à apprendre, car comme dirait une citation :

« Plus on en sait, et moins on en sait ! »

J'ai déjà fait mes traces dans les réseaux sociaux et je me fais connaître dans plus d'une vingtaine de pays, notamment en France, en

Espagne, et au Royaume-Unis, mais ceci fut un long chemin qui n'était pas souvent pavé d'or.

Comme tout le monde ayant débuté dans le domaine de la croissance personnelle et l'étude de la nature humaine, et qui sont devenu célèbres au fil des années, il y a eu un point de départ, ces personnes étaient comme vous, elles étaient comme moi, faisant partie de la masse populaire, mais elles ont su sortir du lot en s'imposant et en croyant fort en leurs rêves, tout le monde a le droit de réussir et méritent une meilleure vie. Et en tant qu'auteur en développement personnel, je respecte assez ce concept, car je sais d'où je viens.

Des auteurs comme Max Piccinini, Franck Nicolas, Slavica Bobdanov, Jack Canfield, Bob Proctor et tant d'autres sont des personnes que je respecte énormément, car ils sont issu d'un milieu dit « populaire », là où vous en êtes actuellement, mais regardez où ils sont maintenant, ils ont brillamment réussi, et prennent plaisir à partager, tout comme moi, leurs connaissances. Pourquoi n'en serait-il pas de même pour vous ? Cela veut dire aussi que vous doutez de vos capacité, mais vous apprendrez que pour celui qui y croit vraiment, tout est possible !

J'espère que vous-même, vous réussirez à briser les barrières de votre vie, à trouver votre place dans la société, tout comme tant d'autres l'ont fait, c'est le but de cet ouvrage, et je vous donnerai tous les outils nécessaires pour y arriver, mais il faudra travailler de concert, ce que vous allez découvrir est un moyen très puissant pour obtenir tout ce que vous voulez dans la vie, mais il ne s'agit pas d'un livre de magie, il fait appelle à du bon sens et des règles qui régissent dans l'univers.

Vous tenez entre vos mains le livre de votre vie et croyez-le ou non, quelque chose vous a mené jusqu'à ces lignes.

Comment pourrais-je définir celui-ci ? Il s'agit d'un recueil rassemblant tous les outils pouvant vous conduire à la réussite sur tous les plans, et être la personne que vous avez toujours voulu être, et d'aller au-delà de vos rêves les plus fous, il détient les clés d'un pouvoir, celui de l'attraction.

Si vous n'y croyez pas un seul instant, rien ne vous empêche d'aller plus en amont de cette lecture, mais il serait dommage de passer à côté de l'opportunité de changer toute votre destinée, d'être « au-dessus de la ligne ».

Bien utilisé, ce livre a un immense pouvoir, vous permettre de franchir des barrières qui vous semblaient impossible à atteindre.

Vous n'y croyez toujours pas ? Laissez-moi vous prouver le contraire au fil des pages, je vous emmène faire un merveilleux voyage à l'intérieur de vous-même, quelque chose se produira, « il va se matérialiser en progressant dans votre lecture ! », mais je ne vous dis pas ce dont il s'agit pour l'instant.

Il n'y a aucune magie là-dedans, tout ce que vous désirez est en train de se produire, en tout temps, je vous expliquerai comment.

Le présent ouvrage vous révélera tout ce que vous devez savoir sur la loi de l'attraction, il a été conçu de telle sorte que vous compreniez en substance les règles essentielles de vie à respecter pour en faire bon usage. Tout ce que vous y découvrirez dépassera toutes vos attentes en apportant des réponses claires sur le sujet, tel est mon objectif en l'écrivant.

Il est le fruit de longues heures de travail de recherches sur le sujet, je pourrais dire qu'il s'agit d'un pur concentré de connaissances, telle a été ma volonté en l'écrivant, c'est de le rendre efficace et il l'est, cela dit, ne vous attendez pas à ce que tout arrive tout seul, il faudra y mettre du votre, je donne les bases de la fondation, à vous de construire ce que vous voulez dessus.

Cependant, je tiens à vous mettre en garde si vous mettez en applications tout ce que vous y découvrirez, il peut affecter votre esprit et votre organisme, ce qui se traduira par des nausées, des migraines, des sautes d'humeur ou des vertiges, car il met en opposition deux types de pensées et de comportements, les vôtres dans sa forme actuelle, et celles que vous désirez. Cela risque de vous chambouler.

C'est un livre qui vous amènera là où vous voulez aller, à la condition de ne pas forcer les événements, tout ce qui doit se produire se produira, et aura un impact direct sur votre quotidien, donc lisez-le tranquillement. Il rassemble de précieuses informations, issues de nombreuses recherches dans le domaine, des anecdotes et des extraits d'articles, il se veut assez complet, du moins pour l'auteur, vous en ferez votre propre opinion.

Comprenez aussi la complexité de réalisation d'un tel ouvrage, de nombreuses heures d'écritures, de reformulations, des litres de cafés, quelques dizaines de stylos usés pour en arriver à un pur concentré (juste deux stylos, je gonfle un peu la chose !)

Point important : au début du processus de transformation, gardez ceci pour vous, n'évoquez en aucun cas ce livre, surtout dans votre environnement actuel, vous êtes encore novices pour la plupart et certaines personnes de votre entourage ne comprendront pas, très peu en phase avec ce type de théories, mais quand les premiers changements vont s'opérer, que vous serez vous-même convaincu que tout ce qui est dit dans le présent ouvrage fonctionne, vous pourrez le partager en masse.

Vous améliorerez les croyances sur vous-même, vous vous sentirez capable d'aller au-delà de vos rêves. Soyez patient, lisez ce livre tranquillement et de grandes vérités vont vous être révélées, mais tout ce que vous devez savoir, si vous suivez tout ce que vous verrez à la lettre, vous évoluerez à un niveau, franchirez un cran au-dessus, une ligne séparant votre réalité à celle convoitée. C'est l'une des forces les plus puissantes de la nature.

Je ne laisse pas traîner le suspens plus longtemps, et je vous souhaite bonne lecture.

Amicalement

Yoann MERITZA
Auteur spécialisé

PARTIE I :
LA LOI DE L'ATTRACTION

CHAPITRE 1 :
BIEN PRÉPARER SON ESPRIT A LA LOI DE L'ATTRACTION

« Pour atteindre l'objectif final, je me concentre d'abord sur la préparation. » (David Douillet)

La loi de l'attraction est l'une des forces les plus puissantes de l'univers, mais très peu savent comment l'utiliser. Tout ce qui est noté dans le présent chapitre fait surtout appelle à du bon sens.

Tel un aimant, elle attire vers vous tout ce que vous désirez dans votre vie, mais il y a des conditions pour que cette loi soit utilisée de façon optimale.

Le jour de l'an de 2017, je me souviens avoir reçu de la part d'une personne que je ne connaissais pas, quelques notes sur un bout de papier, mais j'avoue avoir été tenté par ce qu'il y avait de noté dessus, c'est-à-dire, quelques instructions, et la femme que j'ai rencontrée ce jour m'a précisé que j'allais apprendre à les utiliser de la meilleure façon qu'elles soient.

Une question demeurait quand même en moi : « pourquoi moi ? », qu'est-ce que j'avais de plus qui pouvait me différencier des autres ?

Plus tard, j'ai compris que je n'avais rien de plus que je ne possédais déjà, c'est-à-dire « tout », aussi curieux que cela puisse être dit.

En fait, nous avons tous ce pouvoir en nous. Tout ce qu'il se passe dans notre vie provient d'un seul et même endroit : nous-mêmes !

Les conditions extérieures sont le reflet de notre monde intérieur, et en y réfléchissant, en faisant un enregistrement vidéo de moi-même, j'ai fait une découverte.

En se conditionnant à avoir du recul sur sa propre image, comme si nous voyons une personne étrangère à notre entourage, nous avons ce qui s'appelle « l'oeil extérieur ».

Aussi étonnant que cela puisse paraître, tous les défauts que je voyais chez les autres, je les retrouvais sur cet enregistrement, je me suis mis à faire mon auto-critique. Cela m'a ouvert les yeux sur la personne que j'étais : « C'est donc comme ceci que l'on me perçoit ? »

Je vous invite à en faire l'expérience ! Même si vous ne le reconnaissez pas actuellement, vous avez énormément de défauts, en fait, tout le monde en a, mais aussi, tout le monde aime se mentir.

Bob Proctor, un autre auteur en développement personnel parle d' « attitude », mais ceci est à comprendre au sens large, il s'agit de l'attitude envers nous-mêmes et envers les autres. Le monde qui nous entoure est le strict reflet de ce que nous sommes, les personnes que nous côtoyons, le travail que nous faisons, notre logement et notre manière de vivre, tout est identique, et comme dit le dicton « qui se ressemble s'assemble » !

Ce n'est peut-être pas les conditions que vous souhaitez, mais indirectement, vous les provoquez, je sais très bien que ceci est peu enthousiasmant, mais c'est la triste réalité. Je détaillerai un peu plus loin !

Mais c'est un concept difficile à assimiler tant que nous avons des oeillères, prisonniers de nos croyances.

D'où viennent ces croyances ? Directement de notre enfance, et c'est un ensemble des neuro-associations que nous avons fait entre un élément extérieur (paroles, couleurs, personnes…), et notre monde intérieur. Nous sommes formatés dès la naissance à avoir certaines croyances, par ce qui s'appelle « le paradigme ». Je consacrerai tout un chapitre sur ce dernier point !

Comme j'ai envie que tout ce qui sera évoqué dans ce livre fonctionne réellement, et démontrer que la loi de l'attraction n'est pas une fantaisie (vous le découvrirez par vous-même), laissez-moi vous apporter quelques précisions pour bien l'utiliser.

Nombreux sont ceux qui ont lu énormément d'ouvrages sur le sujet, sans réellement savoir comment mettre les principes exposés dedans en application, et pourtant, ces livres écrit par d'excellents auteurs, dont je puis vous recommander certains d'entre eux, Mickael Losier, Max Piccinini, Franck Nicolas, Napoléon Hill,

Bob Proctor, Slavica Bogdanov et tant d'autres, ont une très bonne approche du sujet. Ils sont très compétents dans ce domaine, et je vous invite à lire bon nombre de leurs livres traitant du sujet, vous y découvrirez des points de similitudes, et l'avantage de connaître différentes visions de la loi de l'attraction vous permettra de comprendre les explications qui sont les mieux adaptées pour vous.

Cela dit, je tiens à vous apporter quelques précisions concernant ce que vous allez découvrir au fil des pages, et user d'une très grande franchise avec vous.

Pour ma part, je n'ai jamais caché que cela demande un investissement constant de votre part, nous n'écrivons pas des livres de magie (tout auteurs confondus), il n'y a que celle qui est déjà en vous. Le pouvoir vient de l'intérieur et non de l'extérieur, et ce que nous faisons, nous vous aidons à trouver ce pouvoir, à comprendre ou il se situe dans votre esprit, nous ouvrons le chemin, à vous de le suivre.

Pour obtenir tout ce que vous souhaitez dans la vie, il vous faudra pleinement vous investir !

Qu'est-ce que je vous raconte ? Je dis simplement que tout ce qui sera présenté ici dans ce livre est en grande partie une question de bon sens, je ne vends pas du rêve, et je ne suis pas magicien, et dans ces pages, vous ne trouverez pas le moyen de faire apparaître un lapin d'un chapeau magique, il ne s'agit pas non plus d'un recueil ésotérique, il vous faut d'abord remettre les pieds sur terre. Si ce sont ces types d'ouvrages que vous recherchiez, ils se situent dans le rayon « fantaisies » de la bibliothèque de votre ville.

Ce qui est présenté dans cet ouvrage est quelque chose d'un peu plus sérieux, il s'agit développement personnel, et elle est utilisée dans les cabinets d'experts en communication pour former les commerciaux par exemple, elle apporte une meilleure vision sur sa propre personne et la nature humaine en général.

Chacun possède sa propre technique de formation, et de mon côté, je suis auteur essayiste, c'est-à-dire que j'apporte une vision, pour ne pas dire opposée, mais la finalité reste la même en ayant une approche du sujet assez différent de ce que vous connaissez.

Et comme, en tant qu'auteur, j'ai vraiment envie de vous apporter le meilleur et de vous donner le maximum de réponses pour bien utiliser cette loi universelle de l'attraction, je vous demande juste ceci : Jouez le jeu !

Retenez bien ceci ! *« Il n'y a aucune magie, sauf celle qui est déjà présente en vous ! »*

<u>Pré-requis :</u>

Pour en revenir sur la loi de l'attraction, je vous demande une contribution pour qu'elle fonctionne de manière optimale. Tout doit être au clair dans votre esprit, Afin d'éviter de dévier, vous ne pourrez vous concentrer sur deux aspects de votre vie, l'actuelle et celle désirée, il vous faudra trouver le chemin menant au détachement, sans que le quotidien vous rappelle à l'ordre.

Cela demande un certain temps, plus ou moins long pour la plupart, pour que l'esprit s'adapte à ces nouveaux changements qui pourront intervenir dans votre vie, pour certains, il leur faudra que quelques semaines, mais pour d'autres, cela peut se prolonger pendant des mois, suivant le niveau d'ancrage de vos pensées actuelles, et de votre environnement.

Il faudra bien avant cela améliorer votre quotidien par de petites habitudes à prendre et de s'y tenir, c'est ce qu'il y a de mieux pour vous !

Avoir à l'esprit le sentiment de prospérité alors que vous avez une épée de Damoclès sur la tête ne vous mènera nulle part, des dettes à éponger, la visite d'un huissier ou autres vous ramèneront à votre réalité, ainsi que la fréquentation d'individus qui vous exposent leurs problèmes sans arrêt et qui sont dans la négativité constante, faites preuve de tact et de détachement vis-à-vis d'eux !

Ils vivent dans un monde que vous ne voulez plus, et vous ne souhaitez pas que quelqu'un détruise tous les progrès que vous allez faire, ne vous laissez pas influencer ou démonter par des personnes vous rabaissant, soyez plus fort que cela mentalement ! Il s'agit de votre vie, et il serait dommage de tout gâcher à cause de ceux qui vous mettent des freins.

L'espoir et la crainte ne peuvent cohabiter dans un même espace et à la même fréquence. Il y a toujours une pensée qui domine l'autre, jamais les deux en même temps, et celle qui prédomine est la réalité que vous avez acceptée et qui a fait partie depuis longtemps de votre vie. Alors, si vous ne voulez plus avoir peur du lendemain, créez les circonstances en ce sens, de manière à ne plus avoir de raison d'y penser.

Pour cela, il est nécessaire de se libérer de tous les tracas du quotidien, il est difficile et le sera encore plus, si l'état d'esprit n'est pas en cohérence avec ce que nous souhaitons réellement.

C'est ce qui s'appelle « avoir une partie de son esprit à Paris et l'autre à Singapour. », penser à deux choses de totalement contradictoire, et il est difficile de se focaliser sur des pensées positives et songer à ses dettes et tracas, cela vous rattrapera tout le temps si vous ne réglez pas ceci en premier lieu, la lecture de ce livre ne vous servirait à rien dans de telles circonstances.

Nous avons tous, vous et moi, un rôle à jouer, le mien est de vous donner toutes les réponses possibles, et les moyens de les mettre en application concernant la loi de l'attraction.

Le vôtre est d'avoir l'esprit « clean », clair, et libéré de tous les problèmes actuels, je ne sais pas de quelle nature elles sont et je ne pourrais pas les résoudre à votre place, ne me confondez pas avec un magicien, car inconsciemment, c'est vous qui l'êtes, aussi, vous êtes l'acteur et le spectateur de tout ce qu'il vous arrive, mais ne croyez pas que je vais vous laisser seul, je vais vous expliquer ce que vous devez faire en premier lieu.

Comprenez mon point de vue ! Ce livre repose sur deux principes : La confiance absolue et l'authenticité, et les deux sont indissociables.

Suivez ce conseil, il est vraiment précieux pour la suite, et vous me remercierez plus tard !

Afin d'être dans un état d'esprit serein, c'est-à-dire, sans à devoir regarder sur son compte en banque s'il reste quelques centimes pour vivre, ou avoir la peur du lendemain de voir débarquer un huissier pour vous saisir tous vos meubles, ou s'imaginer une catastrophe à venir, je vous demanderais une chose vraiment essentielle :

« Se mettre en harmonie avec sa réalité ! »

Pour cela, et sans plus tarder, réglez vos problèmes actuels, ou trouvez des solutions ou compromis pour le faire ! Et surtout, gardez une très bonne ligne de conduite en ne cherchant plus à vous mettre en difficultés.

Pour ceux qui n'ont pas de travail, je vous recommande d'en trouver un et de vous donner vraiment les moyens pour le faire !

Certains me diront « oui, c'est facile à dire ! Mais difficile à appliquer ! »

Si vous voyez de la difficulté partout, y compris pour trouver un emploi, alors tout le sera ! Je ne suis pas là pour vous prendre à défaut ou vous mentir, mais avec ce type de pensées, il est clair que vous ne trouverez rien, et malheureusement, cela fait partie de la loi de l'attraction.

Vous avez émis l'intime conviction que tout serait difficile dans la vie, je n'ai jamais prétendu le contraire, et je souhaite pour vous que vous trouviez un emploi, même si celui-ci n'est pas le job de vos rêves. Il n'y a aucune honte à être balayeur ou éboueur, ce sont des métiers ingrats, mais il en faut !

Pour vous faire une confession, j'ai fait bon nombre de métiers à la sortie de mes études en comptabilité, ce n'est pas pour autant que je suis devenu comptable ou que j'ai obtenu un poste à responsabilités, directement sorti du berceau scolaire, car pour obtenir des postes comme ceux-ci, il faut de l'expérience, et pour en obtenir, il faut faire ses preuves.

Imaginez un instant ! Avec le Bac de Comptabilité en poche et des formations dans les domaines administratifs, en collaborateur PME-PMI, pour devenir gérant de ma propre entreprise, en suivant aussi de nombreux stages, enfin bref, avec de nombreux bagages, cela n'a pas été facile pour moi aussi.

Il y a eu beaucoup de phases de découragement, mais j'avais avec moi un père en or qui m'a toujours relevé et qui m'a reboosté, et tout le monde devrait avoir un père comme j'ai eu, quelqu'un de combatif, toujours à se relever et relever son entourage, il avait cette force intérieur que j'ai appris à avoir un peu plus tard, après sa mort en 2011.

Durant ma vie, j'ai été éboueur, balayeur, dans l'industrie métallurgique, j'ai été déjà au chômage, il y a eu des moments ou j'ai connu la misère, mais dans mon esprit, il y avait ce petit écho qui me répétait sans cesse « tu peux le faire ! Je crois en toi ! Aie confiance ! Tu en es capable ! ». Cette petite voix, c'est mon coach intérieur, celui qui nous soutient quand tout va mal, ne le négligez jamais, il est d'une aide très précieuse.

Essayez d'adopter cet état d'esprit, et vous verrez ! Les premiers résultats se feront sentir, même si au début, ce n'est pas ce que vous désirez, dites-vous que c'est le début du chemin, et il n'est pas pavé d'or, loin de là.

Beaucoup n'envieraient pas les situations que j'ai connues, vivre dans une chambre de 10m² sans eau, ni électricité, dans des conditions insalubres et avec des problèmes de voisinage, j'en connais plein qui m'envie de ma vie actuelle, cela a été un long chemin difficile à parcourir, mais j'y suis parvenu, et comprenez aussi la fierté que l'on en récolte, de se dire « wow », je n'y croyais pas moi-même !

Il y a de nombreux exemples comme ceux-ci, notamment en provenance d'autres auteurs, comme Franck Nicolas ou Max Piccinini, ils savent très bien d'où ils viennent et savent aussi qu'ils n'y retourneront pas !

Alors, ne désespérez pas ! Ce qui a été à ma portée, ou à celles d'autres personnes, cela peut également être à la vôtre ! Les barrières n'existent pas, c'est vous uniquement qui vous les mettez, et je l'expliquerai longuement dans ce livre.

Pour en revenir au travail et revenir un peu en arrière sur mes propos, pour ceux qui en n'ont pas, essayez d'en trouver un, ne serais ce le temps de régler vos problèmes et d'en trouver un autre mieux pour vous !

À cela, je vous donne une petite astuce pour rédiger vos curriculum vitae, je l'ai déjà appliqué dans la carrière professionnelle avec un très bon taux de réponses :

La technique du perroquet

Cela consiste à lire les annonces se rapprochant le mieux de nos compétences et de les reporter sur votre CV en gros et en gras.

Vous devez vous mettre à la place des employeurs qui reçoivent des milliers de lettres de candidatures, la plupart ne se donnent même pas la peine de les lire, car souvent très occupé et généralement, les lettres finissent par alimenter leur poubelle. Pourquoi ? Ils ne veulent simplement pas se fatiguer les yeux à lire de petits caractères, après avoir éprouvés leurs yeux à la lecture d'autres courriers, si le vôtre est à la fin de la pile, ce ne sera pas de chance pour vous, et ils ne s'embêteront pas !

En revanche, si vous analysez bien leurs attentes, par exemple, si l'un d'eux demande un magasinier/cariste avec un CACES 3 et 10 ans d'expérience, alors reportez le sur votre Curriculum Vitae sur l'en-tête de cette manière.

N'utilisez que des enveloppes de format dit « *italien* » (ouverture par le haut)

Notez en en-tête par exemple :

Curriculum Vitae

Magasinier/Cariste
CACES 3
10 ans d'expérience

C'est l'essentiel de ce qu'ils veulent savoir, si leurs attentes correspondent avec ce que vous leur proposez, peut-être qu'ils mettront votre Curriculum Vitae dans la panière du courrier en attente, et ils le liront le lendemain, mais l'essentiel est de capter l'attention.

Aussi, si vous n'avez pas 10 ans d'expérience, il y a une parade.
Supposons que vous n'ayez que 8 ans d'expérience, il suffit de rédiger ceci de cette manière.

+ de 8 ans d'expérience

Le « + » agira sur la psychologie de l'employeur et il va se dire que c'est relativement proche de ses attentes.

Deuxième chose aussi, et si vous n'avez pas d'expérience du tout, n'hésitez pas à envoyer des curriculums vitae, deux fois, trois fois, ou dix fois de suite pour deux raisons.

Réduire les chances de voir votre candidature à la poubelle, il y aura bien une chance sur dix que l'un d'eux retienne l'attention d'un employeur, mais attention ! Laissez une période d'au moins une semaine, le temps nécessaire pour celui-ci de vous répondre ! Cela ne veut pas dire que vous devez vous attarder que sur un seul employeur, durant la semaine, rien ne vous empêche d'en contacter d'autres en employant le même procédé.

Il y a des employeurs qui aiment les personnes motivées, avec ou sans expérience, ils admirent l'implication dans leur entreprise, il est vrai que les diplômes aident ainsi que l'expérience, mais ce qu'ils admirent encore plus, ce sont les personnes motivées. Relativement à ceci, un autre candidat peut avoir tous les diplômes et l'expérience nécessaire, mais s'il n'y a pas d'implication et qu'il est mou, il ne fera pas long feu, et les employeurs veulent des personnes qui restent.

Pour ce qui est des dettes, après que vous avez obtenu votre premier emploi, commencez par le plus important, c'est-à-dire, le loyer, l'eau et l'électricité, c'est la base.

Ensuite, les autres dettes en commençant par les plus petites, afin de vous libérer l'esprit et d'être plus concentré sur les suivantes ! Plus vous réglerez vos problèmes, et plus vous vous sentirez mieux, au clair dans votre esprit.

Et pour ne plus trop y pensez, tenez un budget mensuel, serrez-vous la ceinture pendant quelque temps, la situation ne sera que temporaire, mais elle en vaut la peine, il faut se faire violence pour obtenir le meilleur, et c'est ce que j'ai fait. Ne vous faites plus plaisir pendant quelques mois, et orientez vos priorités sur les remboursements, suivez une très bonne ligne de conduite, et la vie vous le rendra au centuple, surtout pour ce qui va suivre à l'intérieur de cet ouvrage.

Vous vous demandez le lien qu'il y a entre ce que je viens d'écrire et la loi de l'attraction ?

Je le répète :

Pour être en harmonie avec sa réalité

Il est impossible d'avoir en même temps des pensées positives, si vous entretenez des pensées négatives en les rendant réelles au quotidien, difficile de se projeter dans un état d'esprit prospère avec en tête des idées liées à vos problèmes actuels.

Je vous en demande beaucoup, je sais, mais c'est vraiment très important, vous ne pourrez attirer vers vous tout ce que vous désirez si vous entretenez tout ce que vous ne désirez pas et ce qui vous ramène inlassablement à la réalité, on ne peut être conscient de réussir si tout ce qui nous entoure nous démontre le contraire.

La règle numéro 1 pour que la loi de l'attraction fonctionne réellement :

AVOIR UN ÉTAT D'ESPRIT CLEAN

Vous voyez ? Rien que sur ces premières lignes, les 12€ que vous avez consacré à ce livre sont déjà bien investis, autant que cela vous serve ! Et je ne demande rien en plus, mis à part un remerciement pour ces conseils, qui serait le bienvenu.

Mon livre, dont j'ai mis du temps et de l'énergie pour l'écrire, se doit d'être efficace, et toutes les réponses sur le sujet y seront, à la condition d'appliquer les recommandations à la lettre, j'ai voulu le faire puissant, et il l'est.

Dernier point important, soignez votre logement, c'est là-dedans que vous passez le plus clair de votre temps, et soignez vos fréquentations.

Je crois que tout est dit, maintenant, je vous laisse à votre lecture, et sur ces dernières lignes de ce chapitre, je vous souhaite à tous et à toutes, de réussir tout ce que vous entreprendrez !

Il n'y aura aucune limite à ce que vous voulez, vous découvrirez bien plus que le quotidien peut vous apporter, vous découvrirez ce qu'il y a « au-dessus de la ligne ». Ou que vous soyez et qui que vous soyez, je vous envoie mes meilleures pensées, et je serai de tout coeur avec vous dans tout ce que vous entreprendrez !

Bien à vous !
Yoann MERITZA

CHAPITRE 2 :
LE MANUEL DE L'ESPRIT

« Le secret du changement consiste à concentrer son énergie pour créer du nouveau, et non pas pour se battre contre l'ancien. »
(Dan Millman)

S'il y a un seul mot que je voudrais que vous reteniez tout au long de ce livre, c'est « perception ». Bob Proctor, un autre auteur en développement personnel emploi le mot « attitude », mais en quelque sorte, les deux sont liés, vous comprendrez bientôt pourquoi.

Beaucoup m'ont posé des questions, et certains ont montré un très grand intérêt sur le sujet, et d'autres, une forme d'impatience.

Le secret existe-t-il vraiment ? Rien à voir avec le livre de Rhonda Byrns intitulé « le secret », le sujet est si vaste qu'il ne pourrait tenir dans un seul livre, et pourtant, c'est ce que je vais tenter de faire, bien que, j'en ai écrit déjà deux sur le même thème.

Ce secret, il existe, il implique des règles que nous utilisons inconsciemment tous les jours, nous menant, soit au succès, soit à l'échec.

C'est une force d'attraction qui existe autour de nous et en nous, mais très peu savent l'utiliser, même si étrangement, ils arrivent à l'appliquer sans en avoir conscience, à cause de leur paradigme. Je vous expliquerai ce dernier terme un peu plus loin.

J'ai toutefois reçu quelques critiques dues au scepticisme de certains et qui ne veulent pas *« perdre leur temps avec de telles sornettes »* (pour reprendre les propos d'un commentateur).

Et pourtant, je dirais ceci dans cette forme :

« À supposer que cela fonctionne, pourquoi n'essayez-vous pas ? »

Chacun étant libre de ses croyances, et moi ayant les miennes en tant qu'auteur, il y a quelques années de cela, je n'étais pas convaincu, vraiment pas du tout, ma vie tournait dans le vide avant d'entrevoir ces merveilleux changements qui se sont produit dans mon existence, et quand cela nous arrive, on ne peut qu'y croire.

Mes livres sont tous les pièces d'un même puzzle, car je ne peux pas vous révéler tout d'un coup, cela demande une large compréhension du sujet qu'un livre n'aurait pas suffit.

Pour revenir un peu en arrière, sur mon livre « Succès garanti », j'avais évoqué deux rencontres, celles avec une dame au casino de Chamonix et l'autre, avec mon destin. Certaines personnes sur les lieux pourront en témoigner.

Pour vous donner plus amples détails, ce qu'elle avait noté sur un bout de papier, est ce que vous aimeriez savoir ce qu'il y avait dessus ?

Je n'en ai pas parlé avant, car je ne savais pas si cela avait un grand intérêt sur mon premier livre, mais pour tout vous dire, il y avait un message à transmettre, un numéro de téléphone et un nom.

Dès lors, une année s'était écoulé depuis cette rencontre, nous étions en janvier 2018, peu après le jour de l'an, je rangeais mon costume dans mon placard, et je suis retombé sur ces notes. Elles étaient restées dans une de mes poches de veste, attendant que je les lise, car, je n'éprouvais pas un vif intérêt, ne prenant pas ceci au sérieux, et qui plus est, téléphoner à un inconnu, ce n'est pas trop mon genre.

Cela dit, quelque chose m'a quand même poussé à téléphoner à cette personne, bien que je n'aime pas déranger, mais au bout d'une quinzaine de jours, je me suis dit *« oh ! Et puis zut ! Au pire, la personne au bout du fil me raccroche au nez, qu'est-ce que je peux risquer de plus ? »*

Alors, j'appelais ! Le téléphone sonna pendant plusieurs minutes avant que mon interlocuteur décrocha son combiné.

D'une voix fébrile, celle-ci me répondit :

i- « Oui allo ! Qui est à l'appareil ? »

Je répondis :

y - « Oui bonsoir, excusez-moi de vous déranger, je suis Mr MERITZA » i - Quel est l'objet de votre appel ?

Ne savant pas trop comment formuler, en même temps, difficile de parler à cet inconnu, j'allais directement à l'essentiel.

Y - «Voilà, je vous appelle, car une personne que vous connaissez sans doute, Mme L, m'a confié votre numéro de téléphone et m'a dit que vous pourriez m'aider ».

i - « Et en quoi pourrais-je vous être utile ? »

Sur ces mots, je lui révélais mes intentions, ainsi que le message sur le bout de papier.

À ce moment-là, il me dit sur un ton assez rude :

i- Mme L. m'a parlé de vous ! Mais quand même, vous avez tardé à répondre à sa demande, et je n'ai pas que ça à faire !

La discussion fut longue, et je lui ai expliqué pourquoi j'avais tardé à répondre, mais finalement, nous avions convenu d'un rendez-vous la semaine suivante.

Et il rajouta avant de raccrocher :

i « - Je compte sur vous ! Ne me faites pas faux bond ! À la semaine prochaine ! »

La semaine suivante, j'avais du mal à trouver l'adresse, les maisons se ressemblaient toutes, plein de questions ruminaient dans ma tête (*et si c'était une blague ? Et si j'avais fait toute cette route pour rien? Que va-t-il penser de moi si j'arrive en retard ?*). Mais après quelques renseignements pris, je me trouvais devant sa porte. Elle s'ouvrit, et derrière, il y avait un vieil homme qui m'invita à rentrer. Il avait un grand sourire et ne m'a rien dit du fait que j'étais en retard.

Sa maison était remplie de vieux meubles, mais je ne pourrais pas vraiment donner d'année à ceux-ci, je sais seulement qu'ils étaient anciens. Il n'y avait pas la télé, mais cet homme possédait une grande bibliothèque, il donnait l'impression de venir d'un autre temps, loin de tout l'équipement moderne, mais malgré tout, l'endroit était accueillant. Il m'invita à m'asseoir sur un de ces vieux fauteuils recouvert d'une couverture.

La discussion fut longue, et il était ravi d'avoir de la visite. Il est vrai que l'endroit était isolé. Il m'offrit le café, et il revenait sur l'objet de ma visite.

Il connaissait très bien la femme qui m'a rencontré au casino de Chamonix, me révélant aussi que c'était une personne souvent en déplacement et qu'il y a très peu de chances de la revoir.

Mais toutefois, il se leva de son fauteuil et se dirigea vers une armoire, les portes grinçaient en l'ouvrant, et il prit à l'intérieur de celle-ci un carnet.

Il me confia aussi que tout ce que je verrai, très peu de gens le connaissent, et il aimerait que je partage ce que je vais découvrir avec d'autres personnes.

Ma curiosité fut attisée, et je ne puis m'empêcher de lui poser cette question :

y – Pourquoi moi ? En quoi pourrais-je apporter quelque chose au plus grand nombre ?

Il me répondit la chose suivant :

i « à l'intérieur, il y a bien plus qu'un simple secret à y découvrir, et il n'est pas à remettre entre toutes les mains ! »

Alors, il me confia ce carnet, ne savant pas trop comment m'y prendre pour partager ce que j'allais y découvrir.

Ce carnet était un très vieux manuscrit, une sorte de journal intime intitulé « le manuel de l'esprit », rien que le titre, je l'ai trouvé bizarre, mais dedans, je le découvrirai plus tard, et vous le connaîtrez dans cet ouvrage, ce fut bien plus qu'un simple manuel.

Alors que je feuilletais le carnet, il me posa la question suivante :

i « - Que faites-vous dans la vie jeune homme ? »

y : « - Je travaille dans l'industrie en tant qu'opérateur ! »

i « - Et vous n'espérez pas faire autre chose de mieux ? Avez-vous des projets ? »

Y « J'en avais, mais avec le temps, je me suis résigné ! »

i « - Pourtant, vous ignorez totalement de quoi vous êtes capable ! Le problème n'est pas à l'extérieur, mais à l'intérieur, il faut chercher à l'intérieur ! »

Cela m'a un peu intrigué au début, mais en poursuivant ma lecture, j'eus vite compris ce qu'il voulait dire par là.

Il y avait aussi une vieille photo qui servait de marque page, derrière il y avait une inscription : « *Ed. J. Carly - 1934* », du moins, c'est ce qu'il semblait être noté, l'encre avait déteint sur la couverture du carnet. Sur la photo, il y avait un homme dans son bureau, debout, les mains posées sur la table, il souriait, et était entouré de personnes, je ne sais pas si c'était les membres de sa famille ou le personnel d'une entreprise, rien n'était précisé, je ne sais même pas en quelle occasion elle a été prise.

Pour en revenir à ce journal intime, il a été écrit dans un but bien précis, pour être partagé.car tout faisait partie d'un processus qui devait en aucun cas être interrompu.

Dès lors, je me suis engagé dans un processus que je dois respecter, c'est pour cela que je me suis mis à écrire des livres, les conditions étaient très précises et c'est ma contribution qui m'apporterait le plus dans la vie, dans le sens inverse, je risquerais de tout perdre, et il me sera impossible de faire machine arrière.

Mon rôle est de révéler le secret au plus grand nombre, comme l'ont fait ceux qui m'ont précédé, et je ne peux déroger à la règle, c'est la condition ultime devant me conduire vers le Succès, d'où le titre de mon premier livre.

Vous découvrirez le contenu de ce carnet, ici, dans ces pages, et si je peux vous conseiller une chose, une fois que vous aurez réussi dans la vie, de « passer le relai », et peu importe de quelle manière vous vous y prendrez, je vous demande juste de le faire. Comme moi, vous comprendrez très vite pourquoi.

Ce livre est une adaptation des textes issus du carnet, il ne correspond en rien avec l'époque à laquelle il a été écrit, mais reproduit le plus fidèlement possible son contenu.

Les textes ont juste été adaptés en rapport avec l'actualité, mais la finalité reste la même, ce que je vais vous raconter est une fabuleuse histoire, et il s'agit de la vôtre, vous allez devenir un des acteurs de ce livre que j'estime assez puissant.

Je vous laisse découvrir le contenu de ce carnet ! Bonne lecture à vous !

CHAPITRE 3:
LA MATRICE

« Le nouveau paradigme évolutif et progres-
siste, est de modifier la conscience collective
pour la faire avancer. »
(Daniel Vallat)

Chacun est l'acteur de sa propre vie.

Si votre vie aurait été différente, est ce qu'elle vous plairait ?

Votre vie est comme un livre dont vous êtes le seul auteur, avec une situation initiale, un élément perturbateur (pas celui que l'on croit), des péripéties, une situation équilibrante et une situation finale.

S'il y a un début à tout, nous devons revenir aux origines de notre être, afin de comprendre qui nous sommes, et pourquoi nous percevons le monde d'une certaine manière.

Au commencement de toutes existence, il y a une naissance, la vôtre ou la mienne, vierge de toutes informations extérieures. Notre cerveau, à la naissance, est vide, il perçoit les son et un peu plus tard, les images.

Le paradigme

Savez-vous ce que c'est ? Il s'agit des informations primaires que nous avons tous acquises dès la naissance.

Ces informations nous donnes des croyances, bonnes ou mauvaises, une analyse du monde extérieur qui nous en donneront une perception de tout ce que nous allons vivre par la suite.

Nous sommes tous programmé selon un schéma bien précis soit à la réussite, soit à l'échec, et en grandissant, nous renforçons ces croyances et la perception que nous avons de la vie.

Ce paradigme, c'est la matrice de notre destinée, il se fabrique grâce ou à cause de notre environnement. C'est un ensemble de croyances positives ou négatives dont les racines proviennent de ce que nous appelons des informations primaires.

Le codage primaire de ce « paradigme » existait déjà dans le ventre de votre mère, car à ce moment-là, vous ne faisiez qu'un avec celle qui vous a porté. Elle fonctionnait selon une fréquence qu'elle partageait avec vous, dans un même champ vibratoire. Nous obtenons une programmation émotionnelle due à cet environnement.

De ce fait, occupant un même espace, nous vibrons à la même fréquence, et cela durant les neuf mois jusqu'à la naissance. En clair, si nous héritons des mêmes traits caractéristiques que nos parents, à savoir, les mêmes traits physiques de notre père ou de notre mère, la trame de notre paradigme y est inclus.

Dès notre premier jour, il se produit une neuro-associativité entre les émotions déjà bien ancrées et les informations primaires, tout ce que nous apprenons est assimilé à de la joie, de la peur, du dégout ou du plaisir, et durant les premières années de notre vie, jusqu'à environs l'âge de 5 à 7 ans, vu que tout le monde n'évolue pas au même rythme, ces croyances primaires se transforment ou se consolident avec le temps.

Par la suite, quand nous étions capables de marcher, nous avons tous fait des bêtises, et nos parents nous corrigeaient, créant inconsciemment ce sentiment de crainte, toujours par la neuro-associabilité, la jonction se fait entre acte et conséquence, faisant croitre la graine à l'intérieur de votre esprit fébrile de toutes formes de sentiments.

Paradoxalement, nos croyances primaires naissent de nos émotions, des stimulus neuro-associatifs sont donc constitués de nouvelles croyances, elles ont à la fois pris de la maturité et une autre forme.

Peu après, nous continuons de grandir avec les croyances une fois fixées dans l'esprit, nous avons créé inconsciemment notre propre champs vibratoire agissant à des fréquences plus ou moins élevées selon les croyances ancrées.

Ces fréquences agissent sur notre organisme et notre environnement, elles sont soit positive, soit négative, attachées à notre paradigme qui sert de balise, relié à une forme de cordon ombilicale entre la naissance et nos actions présentes ou futures.

Dans l'hypothèse que nous nous endurcissons avec le temps, il suffit d'un choc émotionnel, à cause d'un accident ou autres circonstances, pour faire ressurgir ce que nous avons cru disparu en nous. Ces émotions ont une forme matricielle, tissée de toutes vos croyances, issues de votre paradigme, et cette forme évolue avec le temps, mais les racines sont les mêmes.

Les signaux d'alarme existent encore quand nous décidons de changer de direction dans la vie, ce qui nous fait douter de nos capacités, à cause d'émotions encore actives, la peur du jugement ou de l'échec sont principalement ancrées.

Nous pouvons suivre diverses méthodes proposées en développement personnel, tenter de changer de direction, mais si nous ne changeons pas notre paradigme, il est quasi-impossible de changer de direction, tout se résumera à des échecs permanents.

Le manuel de l'esprit commence par cette partie, car elle est l'origine, et c'est la plus importante, enfin, je suppose que l'auteur a voulu mettre l'accent sur ce point et je comprends très clairement sa logique. Il y a intérêt de prendre le problème depuis le début, pour se donner les moyens de se mettre en conditions psychologiques, afin de tirer à son avantage, et non l'inverse, les lois de l'univers.

Tout ce qu'il se passe dans notre vie est dû à cet enchaînement d'événements tristes ou heureux, il faudrait pour cela changer toute la perception que l'on a eu durant toute notre vie, il s'agit d'un énorme travail à faire sur soi-même, et j'ai envie que vous compreniez bien ceci si vous voulez voir les choses s'améliorer dans votre quotidien, ne soyez plus en position de perdant, mais de gagnant.

Cela dit, il est possible de modifier ce codage, par un processus que j'appelerais « le détachement ». Nous verrons ceci un peu plus tard.

Vous avez accumulé tellement d'informations négatives à votre sujet qui ont fait la personne que vous êtes actuellement, et à rester dans ce même schéma, plus les années passent, et plus cela s'amplifiera dans la même direction.

Il sera difficile d'arrêter cette mécanique sur sa lancée, sauf si vous changez de trajectoire, pour vous rendre vers une meilleure destination.

Il y a des croyances qui vous ont poussé à croire qu'il fallait se méfier de certaines personnes, à haïr celles qui ont réussi dans la vie, par le biais de votre entourage qui a été pour vous une école de la vie (la leur bien entendu)

L'information que nous avons obtenue est qu'il fallait aimer ou détester tel ou tels individu(s), qu'agir d'une certaine manière était bonne ou mauvaise.

Pour résumer, la vie que vous vivez n'est pas la vôtre, il n'y a pas de libre arbitre, mais une répétition des situations qui existaient auparavant, de par vos parents qui n'ont pas eu la chance espérée, de par vos amis et relations dès votre plus jeune âge

Des accidents de la vie qui ont provoqué des phobies de toutes sortes, et dont vous ignorez la source.

Par exemple, des personnes ayant la peur des chats ou des araignées, car celles-ci ont été piqué ou griffées étant petit.

Cela est plus difficile à traiter, surtout si cela fait partie du paradigme, si l'information est négative, il y aura neuro association dite « primaire ».

Si la matrice de votre vie était une couleur, elle serait rouge ou bleue. L'un représentant la peur, et l'autre, la confiance. L'information que vous aurez par la suite, si elle est jaune, elle sera interprétée comme la couleur verte ou orange, créant un sentiment affilié à cette même matrice.

Ce sentiment est consolidé par les croyances des autres qui vous apprenaient leurs vérités. Vous êtes très précisément dans un environnement collectif rempli d'individus vivant une expérience similaire à la vôtre.

Il semble qu'il y ait deux mondes, celui dans lequel vous évoluez, rempli de gens modestes qui ne vous apprendront que ce qu'ils savent de leur réalité, et puis l'autre, celui que vous critiquez sans que vous ayez eu le moindre libre arbitre sur la question.

Le bonhomme de neige

Quand j'étais plus jeune, comme tous les enfants, du moins ceux connaissant la neige, nous faisions des bonhommes de neige.

Au début, cela ressemble à une toute petite boule de neige au creux de la main, selon qu'elle était compacte ou non.

Si je n'avais que de la poudreuse non compactée, on s'en doute bien que l'effet sera nul, impossible même de la rouler sur la neige.

Par contre, en consolidant et en formant une boule plus compacte, en la roulant sur la neige, elle va grandir par effet d'accumulation.

Prenez exemple sur ce que je viens d'évoquer, la neige, c'est votre vie, en la consolidant, nous pouvons la faire avancer.

Si sur le chemin, il y a des cailloux ou autres, la grosse masse destinée à faire le corps sera remplie de ces mêmes cailloux ou autres.

Vous êtes à la moitié du corps du bonhomme de neige, et tout ce qu'il y a dedans représente

les informations négatives qu'il y a pu s'y ac-
cumuler.

Si à l'origine vos croyances sont que vous êtes
nuls, que vous n'arriverez à rien, et qu'il faut
se méfier de certains individus, avoir peur des
chats ou haire les personnes ayant réussi, vos
convictions ainsi acquises auront un impact sur
le reste de votre vie.

On se moquait de vous dès que vous preniez la
parole, ou que vous n'aviez pas d'affinité avec
les filles de votre école, et qu'elles aussi se
moquaient de vous, cela vous a renfermé dans
votre coquille, vous rendant timide, et créant
des situations difficiles liées à cela.

Vous ne vous en souvenez peut-être pas, mais
si vous êtes dans cette situation, c'est parce
que, quelque part, de mauvaises informations
sont restées en vous. Cela a détruit à la fois
vos relations affectives et professionnelles,
puisque, si vous avez comme projet de devenir
un vendeur avec la peur au ventre, de dominer
au lieu d'être dominé, et sans talent oratoire du
fait que vous vous êtes sous estimé par rapport
aux autres. C'est tout un ensemble de ces peti-

tes choses qui font la personne que vous êtes actuellement.

Vous allez me demander « comment faire ? »

C'est très simple (enfin, je dis ça pour la manière dont je vais vous l'expliquer)

Prenez de quoi écrire, un papier et un crayon, et notez tous les aspects de votre vie actuelle par rapport au monde extérieur, si les personnes vous considère d'une certaine manière, que vous n'avez pas beaucoup d'argent, que vos relations professionnelles et amoureuses sont difficiles, et en même temps, dans votre esprit, vous pensez à tous ces aspects extérieurs et vous vous demandez « pourquoi ? »

Ne blâmez pas le monde extérieur, il n'est simplement que le reflet de ce que vous êtes, cherchez la raison du pourquoi est ce qu'ils agissent de cette manière avec vous.

Il s'agit de connaître les raisons qui les poussent à être antipathiques ou sympathique avec vous.

Exemple :

Vous avez du mal à trouver l'amour
Pourquoi ?
Parce que vous n'osez pas !
Pourquoi ?
Parce que vous êtes timides !
Pourquoi ?
Parce que les filles de votre écoles ont été méchantes avec vous quand vous étiez jeunes
Pourquoi ?
Vous ne saviez pas comment les aborder.
Pourquoi ?
Parce que vous n'avez pas appris !
Pourquoi ?
Parce que personne ne vous l'a montré !
Pourquoi ?
Parce que vous n'osiez pas apprendre par vous-même !
Pourquoi ?
Vos sens étaient orientés vers une vision négative de ces filles, la première fois que vous en aviez vu une !
Pourquoi ?
Votre mère ou votre sœur vous ont donné une mauvaise image de celles-ci dès le premier jour de votre vie !

Vous voyez ? Nous redescendons aux sources du problème constituant vos difficultés actuelles, l'origine du « pourquoi » vos relations amoureuses ou professionnelles sont difficiles, proviennent de vos croyances issues du paradigme.

Cela dit, vous n'êtes pas directement responsables de vos actes ou de vos croyances que vous avez acumulées durant toute votre vie, provenant d'un seul et même lieu, « le paradigme ».

Pour cela, nous devons changer notre balise interne, en créer une autre, et à partir de ce point, créer de nouvelles connexions dans notre esprit, redéfinir les neuro-associativités. Il faut retenir une chose, chaque événement de notre vie nous aide à avancer, il faut en tirer tous les avantages

Je vous donne une des clés les plus puissantes de l'univers !

« Arrêtez de vous sentir inférieur aux autres ! »

À quel titre devriez-vous l'être ? À cause des études qu'ils ont faites ? De leur taille ou de leur force physique ?

Nous faisons tous partie d'une même société ou il y a des forts et des faibles, chacun ayant un rôle à jouer dans ce monde. Mais pourquoi que diable ne méritez-vous pas d'entrer dans le camp des forts ? Vous êtes en tout point identique à tous ceux que vous rencontrez dans votre quotidien, c'est-à-dire, deux bras, deux jambes et une tête, vous saignez quand vous vous coupez, tout comme eux, mais ce qu'il y a de génial avec notre univers, c'est que notre corps nous donne un pouvoir, celui de l'interaction.

La seule chose qui change, c'est la fréquence que vous émettez par rapport aux autres ! Dit comme ça, ce n'est pas encore assez clair, mais rassurez-vous, je m'explique !

Si par exemple, vous désirez monter une entreprise, et que vous manquez d'estime de vous-même, cela va se terminer par un fiasco (j'en suis passé par là !), pourquoi ?

Depuis que vous êtes venu au monde, il y a eu toujours quelqu'un au-dessus de vous, que ce soit les parents, les professeurs des écoles ou des chefs d'entreprise, on vous a enseigné des valeurs qui, pour certaines sont infondées, vous rendant dépendant d'un système.

Ensuite, tout au long de votre vie, et là je parle crûment, **vous avez courbé l'échine** et fait des petits boulots à droite à gauche, avec des chefs ou des patrons qui vous rabaissaient, vous remettant à votre place sitôt que vous vouliez hausser le ton (suis-je dans le vrai ?), bref, aucune évolution.

Il est difficile pour vous de vous énerver contre un supérieur hiérarchique, car vous avez au fond de vous conscience de sa supériorité, *« Comment osez-vous misérable cloporte ? »* dirais l'un d'entre eux, et de ce fait, vous vibrez à une fréquence plus basse que lui, si à l'intérieur de vous, vous avez le sentiment d'être moins qu'un autre, il est clair que vous n'évoluerez pas !

REHAUSSEZ L'ESTIME DE VOUS-MÊME !

Certains me diront *« Oui, je suis fier de moi ! »,* mais ce n'est pas de ça dont je veux parler, nous pouvons être fiers de soi-même ou des autres, sans se sentir sous estimé par un individu narcissique ou autre.

Vu que quand vous haussiez le ton en ayant conscience que vous aviez un supérieur hiérarchique en face de vous, pourquoi n'essayez-vous pas l'inverse ? C'est-à-dire, tenter d'entretenir de bon rapports, en disant « oui chef ! », mais cette fois-ci, vous allez vous sentir au-dessus de lui, éprouver de la supériorité par rapport à lui, et je peux vous garantir que cela se ressentira, et je peux développer encore.

Prenez une casserole d'eau et versez de l'huile dedans, que voyez-vous ? Des cercles d'huiles, il y en a des grands, des moyens et des petits.

Ce que vous y voyez, c'est la place de chacun dans l'univers, il y en a des plus forts, et d'autres plus faibles, chacun vibrant à une fréquence différente. La société humaine est bâti ainsi, il y a des balayeurs, des ingénieurs, des patrons, des présidents, etc……..

Ou se trouve votre place là-dedans ? Vous sentez vous (ce que vous éprouvez) plus fort que certains et plus faibles que d'autres ?

Tant que vous entretiendrez ce sentiment d'être inférieur à un chef d'entreprise, vous ne le deviendrez jamais, ou vous tenterez l'expérience et vous vous casserez la figure au bout de quelques mois, ou au mieux, vous tiendrez un an avant d'être accablé par les dettes.

L'univers vous envoie le message suivant : « vous n'êtes pas fait pour faire autre chose que ce à quoi vous êtes destiné ! », c'est-à-dire, en relation aux rapports que vous entretenez avec autrui.

Je vous invite dès à présent à vous sentir supérieur, sans que vous le montriez, faites ce que vous avez à faire au quotidien, et vous verrez les rapports qui changeront, ne soyez plus un être soumis !

Plus votre vibration augmentera, et plus votre vie changera, seulement en ressentant votre entourage différemment !

Quand vous aurez gagné suffisamment en confiance, cela augmentera l'estime de vous-même.

Si vous ne faite pas d'abord ceci, quoi que vous fassiez, cela se soldera par un échec.

Pour ce qui est de vos rapports avec l'argent, il faut tout d'abord respecter vos dépenses et ne plus chercher les ennuis comme je le disais au début, mais ce n'est pas tout !

Reprenons l'exemple des gouttes d'huile dans la casserole, il y a de petites sphères et des plus grandes.

Essayez de mettre une pièce de 2€ sur une goutte d'huile d'un diamètre d'une pièce de 0,10€, cela ne rentrera pas ! Mais l'inverse sera possible, on pourrait mettre deux pièces de 0,10€ dans un diamètre de 2€. Vous comprenez mieux ?

Faites le test, pour ma part, je sais que cela fonctionne ! Conditionnez votre esprit à être supérieur à un chef mentalement (cela doit rester dans votre for intérieur), et aussi à d'autres personnes de votre entourage, ressentez cette supériorité, gardez ceci pour vous ! Effacez cette once de doute de votre esprit, c'est très important, et gardez toujours à l'esprit cette supériorité humaine ! Serez-vous un gagnant dans ces conditions ? Sans l'ombre d'un doute !

Si ce n'est pas le cas, il faut vous en convaincre mieux que ça, car vous êtes encore en proie à ce que j'appelle « le doute caché », ou « pensée latente ».

Mais comme tout dans l'univers dispose d'une période de gestation, tout devrait arriver en temps et en heure ! Si cela ne fonctionne pas les premiers temps, des changements dans votre environnement vous feront sentir le bon moment, en moyenne, je dirais qu'il faut entre 30 et 90 jours pour voir les premières transformations.

N'oubliez pas ceci, vous êtes l'auteur de ce qu'il vous arrive dans votre existence ! Et tout ce qu'il y a autour de vous n'est que le reflet de votre monde intérieur, ce qu'il se produira, vous allez faire de nouvelles rencontres avec des personnes un peu plus importantes que celles que vous côtoyez habituellement ! Et cel-

les-ci seront la représentation de vous-même !
C'est magique non ?

J'ajouterais ceci, et d'autres auteurs sur le sujet me rejoindront sur ce point, lisez beaucoup ! Instruisez-vous ! La culture vous aidera
à gagner en confiance et vous n'hésiterez plus
à discuter avec des individus que vous considé-
riez mieux instruits.

Encore une chose (je vous l'avais dit, le sujet
est vaste !), respectez votre entourage tout
comme vous aimeriez l'être ! Si par exemple,
vous n'aimez pas votre patron, c'est comme si
vous ne vous aimiez pas vous-même, il s'agit
de la théorie du miroir, chacun est le reflet
d'un autre.

Veillez à bien traiter les éléments extérieurs,
car il s'agit de votre monde, quand vous pensez du mal de votre patron par exemple, et que
vous vous dites que c'est un bourreau, inconsciemment, il le sera avec vous, et plus vous
maintiendrez ceci, et aussi longtemps il le restera ! N'oubliez jamais que vous avez un
énorme pouvoir de création, grâce à votre esprit, et toutes les conditions extérieures, c'est
vous qui les matérialisez ! La concierge aigrie,

le boulanger qui vous fait du pain carbonisé, le manque de chance, les places de parking remplies, enfin, tout, cela provient d'un seul et même endroit, cela vient de vous, le seul créateur de votre réalité. Essayez de reconsidérer votre vie, de la voir autrement, et elle sera différente.

CHAPITRE 4:
VUE D'ENSEMBLE

« L'homme, c'est l'univers en miniature.
L'homme et le monde sont interdépendants.
L'homme est le garant de l'équilibre de la
création. »
(Amadou Hampâté Bâ)

Voici une petite histoire inspirante :

En couple de personnes âgées habitant dans le sud ouest de la France se préparait à partir en voyage, à destination de la Bourgogne, leur petit fils allait se marier dans quelques jours, et ils devaient préparer leurs valises.

Ils avaient l'habitude de se lever très tôt, et en même temps, l'enthousiasme était très grand, car cela faisait longtemps qu'ils ne l'avaient pas vu, lui et leur fille.

Après une bonne nuit de sommeil, il était 5 h du matin, tout le monde dormait encore dans la résidence, ils prenaient leurs valises, sortaient de leur maison, et les chargea dans le coffre.

La voiture démarre, et commence à parcourir la route qui les sépare de leur destination, tout va bon train durant le trajet, si bien qu'ils décident de faire une pause sur une aire d'autoroute afin de manger un morceau.

Mais l'enthousiasme se transforme vite en panique, la femme avait oublié son sac à main à la maison, et ils étaient déjà à plus de 200 km de chez eux.

Alors le mari lui demanda si elle ne l'avait pas mis dans le coffre.

Elle répondit :

« - Non, je t'assure, il était suspendu sur un clou à l'entrée »

le mari rouspéta :

« - tu ne pouvais pas faire attention ? »

Et la femme répondit sur le même ton :

« Tu aurais pu m'y faire penser ! »

L'ambiance était devenue électrique, il y avait un flot de reproches de la part de l'un comme de l'autre, chacun campant sur ses positions. Et plus ils répondaient, et plus la dispute devenait intense, si bien que le mari perdit sa vigilance et tous deux eurent un accident, la voiture étant rentrée dans un arbre.

La loi de l'attraction est exactement comme ce vieux couple, tout ce que nous envoyons à l'univers nous revient avec la même intensité. Et comme toutes disputes, si l'un ou l'autre ne tente pas de calmer le jeu, cela peut très vite dégénérer.

La loi de l'attraction est une des lois de l'univers, et il est utile de bien les connaître, car même si celle-ci dispose d'un très grand pouvoir, les autres lois ne sont pas à négliger pour autant pour attirer à vous tout ce que vous désirez.

Les fréquences de l'univers

Qui est l'univers ? La réponse est simple, il s'agit de vous-même, ou du moins, vous en faites partie, la pièce d'un très grand puzzle qui vibre à une certaine fréquence avec d'autres éléments de cet ensemble.

Pour vous expliquer les fréquences elles existent en deux formes, ondes positives et ondes négatives. Et suivant leur intensité, ce que nous espérons ou redoutons se matérialisera ou non !

Durant notre vie, nous accumulons énormément de rancoeur envers la vie, nous reprochons énormément de choses à tout eux qui nous entoure, mais ce que nous savons moins, c'est que tout ce que nous éprouvons résonne comme un message à l'univers, mais finalement, qui sait ce que représente l'univers ?

Il est tout autour de nous et en nous, et que ce soit par des mots ou des émotions, nous lui envoyons des messages sous forme de fréquences.

Les interactions de votre monde intérieur et extérieur sont une manifestation de ces fréquences, elles vibrent en harmonie.

Vous êtes calibré sur la même fréquence que l'univers, ce que je veux dire par là, c'est que tout ce que vous lui envoyez, vous sera rendu par son équivalent matériel ou immatériel.

Vous ne vous sentez pas en confiance, certains le ressentiront, ce que vous pensez ne se voit pas, mais ce que vous émettez est perceptible, il se dégage en vous une énergie dont votre entourage tirera profit (si vous manquez d'assurance par exemple), ou vous respecteront (si vous êtes en confiance avec vous-même et les autres).

De plus, vous attirerez vers vous toutes les personnes fonctionnant à la même fréquence que vous.

Les lois de l'univers fonctionnent par fréquences plus ou moins élevées, il y a un émetteur et un récepteur, les mondes intérieur et extérieur s'échangent les mêmes ondes, c'est l'harmonisation et réagissent en temps et en espace.

Si par exemple vous avez comme sentiment dominant la crainte, associé à la visite d'un huissier, cela se produira. En revanche si vous désirez avoir une vie prospère, mais avec un très faible enthousiasme en vous disant au fond de vous que cela ne se produira pas, c'est ce qui arrivera. Pour vouloir quelque chose, il faut éprouver le désir ardent, c'est-à-dire par exemple, si vous aimez une musique sur votre poste de radio, mais que le son est très bas, vous n'allez pas l'apprécier, tournez le bouton du volume, et la magie va s'opérer ! Un signal plus fort amplifie la loi de l'attraction.

La crainte et l'enthousiasme sont deux sentiments opposés qui fonctionnent à fréquences élevées aux antipodes l'un de l'autre Comme le pôle nord et le pôle sud, il s'agit de deux extrêmes.

Ce qui empêche le processus de matérialisation de ses désirs est aussi lié au manque d'emphase, c'est comme si, par exemple, vous participez à des épreuves de sélection pour devenir acteur d'une pièce de théâtre. Si vous récitez votre texte de manière plate, comme vous le faisiez à l'école, sans le sentiment dominant, lié au corps, si vous manquez d'authenticité en ce que vous incarnez et que vous n'y croyez pas, le jury chargé de recruter le bon acteur vous dira « rentrez chez vous ! »

Ce qu'il faudra apprendre à dominer, c'est votre peur du lendemain, et éprouver de l'espoir associé à de l'enthousiasme. Sans se poser la question du pourquoi et du comment cela se produira, gardez toujours un objectif en tête et croyez-y fortement.

Pour cela, il vous faudra bouger des curseurs, celui de la crainte vers le bas, et celui de l'enthousiasme vers le haut, ensuite, de se garder un objectif en tête en étant enthousiasmé de connaître la suite avec un grand espoir que cela se réalisera, et cela, malgré les petits accrocs de la vie qu'il faudra atténuer en cherchant des solutions plutôt que de s'inquiéter.

Les tuiles dans la vie, cela arrive, mais il ne faut pas pour autant dramatiser ou augmenter leur importance, ce qu'il faut faire, c'est de se dire que toutes les difficultés peuvent être solutionnées et d'y croire fermement, si vous y croyez de tout votre coeur que cela va se résoudre, alors, cela se résoudra d'une manière ou d'une autre, les possibilités de l'univers sont multiples.

L'univers est infini, et il ne faut pas se limiter, allez au-delà, se battre pour obtenir ce que l'on veut, c'est à vous uniquement qu'il revient la responsabilité de ce que vous voulez réellement, et c'est à vous aussi d'aller chercher ce que vous voulez, prenez tout ce dont vous avez besoin, et agissez en conséquences, ne vous laissez aucunement déstabiliser par les événements extérieurs, qui n'est que la matérialisation de votre être profond intérieur, vous voulez quelque chose de l'univers ? Alors faites tout ce qui est en votre pouvoir pour y arriver ! (Je vous montrerai comment à la fin du livre).

En maintenant le même cap, sans procrastiner ou adopter un comportement velléitaire, vous l'obtiendrez si vous avez cette intime conviction que cela se produira, et en vous entraînant à créer l'enthousiasme dont vous aurez besoin.

Le schéma ci-après vous montre techniquement comment fonctionne l'univers.

Les fréquences de l'univers

Schéma de crainte

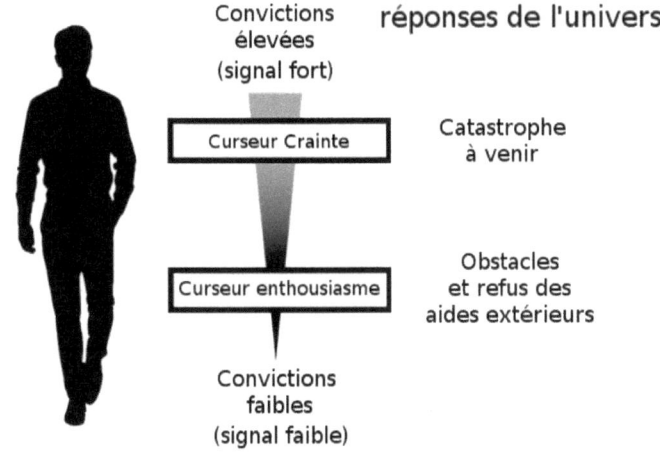

Convictions
élevées
(signal fort)

réponses de l'univers

Curseur Crainte

Catastrophe
à venir

Curseur enthousiasme

Obstacles
et refus des
aides extérieurs

Convictions
faibles
(signal faible)

Schéma d'enthousiasme

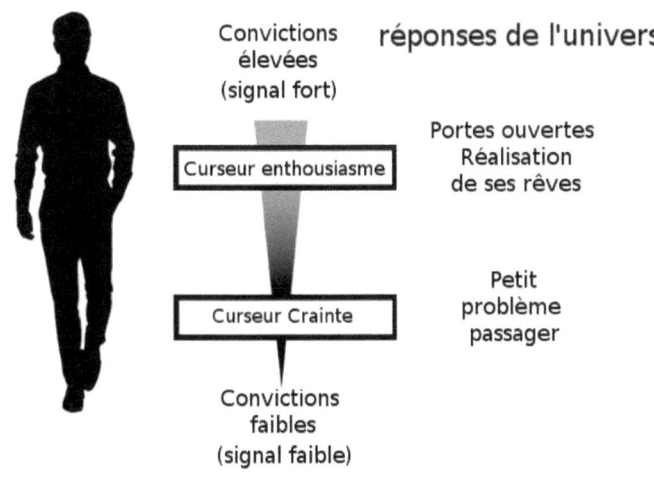

Convictions
élevées
(signal fort)

réponses de l'univers

Curseur enthousiasme

Portes ouvertes
Réalisation
de ses rêves

Curseur Crainte

Petit
problème
passager

Convictions
faibles
(signal faible)

Qu'est-ce que l'enthousiasme ?

Ou comment éprouver ce sentiment ? Beaucoup ont oublié comment avoir de l'enthousiasme, résignés de ressentir ce type d'émotion, cela semble être un souvenir lointain.

Mais rappelez-vous la dernière fois que vous avez attendu avec impatience la visite du Père Noël, cela remonte à loin dans la jeunesse pour la plupart d'entre vous, et après, la vie a suivi son cours bien loin des rêves et des illusions.

J'aimerais que vous vous rappeliez ces instants de votre vie, l'espoir de recevoir un cadeau tant désiré, de ressentir son coeur battre et d'avoir des rêves plein la tête à en être étourdi, par exemple, je me souviens avoir attendu un magnifique vélo, j'y pensais constamment quand j'étais jeune, les yeux plein d'étoiles.

Essayez de vous souvenir ces instants ou vous avez éprouvé ce sentiment, pensez à quelque chose que vous désirez, avec l'espoir que cela va se produire, concentrez-vous sur ça, intensifiez l'objet de vos désirs et faites taire l'autre partie de votre esprit qui vous murmure (mais non, ça ne marchera jamais !).

Faites taire cette pensée, bâillonnez-la, elle parle trop ! Et entretenez ce désir tous les jours comme si cela allait se produire, sans poser de date, juste que cela va se matérialiser un jour.

Pour faire le comparatif avec la crainte que quelque chose arrive, cela s'est souvent produit, alors pourquoi cela ne fonctionnerait pas avec l'enthousiasme ? Réfléchissez bien à cela !

L'enthousiasme, le bonheur, et l'amour ont un pouvoir attractif fort, mais ce qui bloque, ce sont vos anciennes croyances, sous formes de pensées bien cachées au fond de vous. Ce tout petit doute ancré dans votre esprit.

Vous êtes le maître de vos pensées et de votre réalité, tout ce qui se produit autour de vous, vous le provoquez sans en avoir réellement conscience, à cause d'une mauvaise perception du monde extérieur et de sa propre personne.

Apprenez à vous voir différemment et regardez le monde qui vous entoure différemment, et si vous arrivez à vous convaincre intérieurement, vous serez comme plongé dans un autre univers, mais ce sera le même, sauf que les conditions auront changées.

La théorie du miroir

L'univers est un gigantesque miroir qui nous envoie une image, et généralement, ce n'est pas celle que nous attendons.

Si nous pensons trop à nous-mêmes, à notre confort, se croire supérieur aux autres, nous allons générer un comportement de jalousie de la part de nos amis ou de nos proches.

En fait, nous aimerions donner l'image de quelqu'un d'altruiste, avec un comportement égoïste, et ce qu'il se produit, avec la théorie du miroir, l'image qui nous est renvoyée est celle de personnes égoïstes qui se disent altruistes, vous imaginez bien l'imposture ? Tout ce qu'il y a autour de vous est bâti sur le même schéma, de la tête aux pieds, et jusqu'au bout des ongles, l'image que l'on vous renvoie est exactement ce que vous êtes !

S'il y a une phrase qui résume bien ce que je viens d'évoquer :

L'univers est votre miroir et vous êtes le miroir de l'univers !

Rien que dans cette phrase, vous avez une vue d'ensemble des lois de l'univers.

Si tout ce qui constitue l'univers était personnifié, le temps et l'espace seraient formés pour n'être que votre propre reflet dans un miroir.

Quand nous critiquons une personne, celle-ci constitue une partie de notre univers, il est notre propre reflet, et c'est ce que nous lui envoyons qui détermine qui nous sommes, en étant critiqué à notre tour.

Pour imager mes propos, prenons un exemple :

Mettez-vous en face de votre miroir et observez votre reflet ! Ensuite, posez le doigt sur le miroir, vous verrez votre doigt se connecter avec votre reflet.

Ce que vous voyez est une représentation de vous-même, vous aimez ou détestez ce que vous voyez, c'est selon comment vous vous estimez intérieurement.

L'univers fonctionne pareillement, il crée une harmonie entre vous et lui.

Quand vous avez une certaine forme de pensée, c'est comme si vous posiez le doigt sur le miroir, vous êtes connecté avec lui et vous renvoie l'image de cette même pensée.

Si vous vous ne vous plaisez pas, vous aurez un sentiment de manque de confiance intérieur, qui va s'exprimer dans le monde extérieur, car tout dans cet univers se ressent.

L'univers n'est que le reflet de nos actions et de nos pensées.

L'équilibre

Vous connaissez la loi du Talion ? L'univers fonctionne selon les mêmes principes :

« Oeil pour œil, et dent pour dent ! »

Quoi que vous fassiez ou pensiez, l'univers fonctionne avec le principe de l'équilibre des événements. Et comme il est écrit dans la bible :

« Donnez et vous recevrez ! »

Semez le positif et vous récolterez le positif, partagez de l'amour, et vous en aurez en retour, c'est comme cela que l'univers fonctionne. En apprenant à l'écouter et accepter ce qu'il vous dit.

Arrêtez de penser négativement !

Comme je l'ai déjà mentionné dans mon premier livre « Succès Garanti », une fois que vous avez pensé à une catastrophe, elle se produira si vous relâchez l'attention sur elle. Le fait d'y penser enclenche un processus dans l'univers.

Quand vous jouez par exemple au squash, vous avez la maitrise de la balle, mais au moment où vous relâchez votre attention, celle-ci vous arrive sur le visage à la même intensité que vous l'avez envoyé. Cela s'appelle le « choc de retour » ou « l'effet boomerang ».

L'univers est identique à cette balle de tennis, plus vous luttez en pensant pouvoir contrer le retour de celle-ci, en vous disant « je vais empêcher l'événement de se produire ! » et plus vous vous fatiguerez à renvoyer les coups sur un mur en béton.

Quand un processus est enclenché, il est impossible de l'arrêter. C'est comme si votre banquier vous disait « C'est bon ! On oublie vos 10 000€ de dettes ! », il faut continuer de payer jusqu'à épongement de la dette. Toutefois, vous pouvez payer en plusieurs fois et trouver d'autres arrangements à l'amiable, mais quoi qu'il en soit, dans toutes les situations, rien ne peut empêcher le processus en cours de se terminer.

Pour ce qui est de l'exemple de la balle de tennis, le tout est de minimiser l'impact qu'aura le prochain coup. Atténuez-le progressivement en ayant des pensées plus saines ! Comment ? En vous disant que cette difficulté peut être solutionnée, et en accordant moins d'importance. Ne plus se laisser dominer par des sentiments de panique, mais résonner en termes de solutions, ce qui oriente votre esprit vers le positif ! Tout peut s'arranger si nous y mettons les formes.

Moins vous accorderez d'importance en n'ayant plus dans votre tête des schémas « catastrophes », en tentant de résoudre vos problèmes, moins le retour sera violent, cela va s'adoucir jusqu'à voir les contours de la balle de tennis. Elle perdra progressivement de son intensité et retombera sur le sol avant même de vous atteindre, et cette loi est universelle.

Ce qu'il vous reste à faire est de penser en termes de solutions plutôt que de problèmes, cela enclenchera un autre processus, celui de l'atténuation, et vous vous sentirez plus à l'aise.

Les « cycliques », comme évoqué dans mon premier livre, répondent à cette même loi, on attire ce à quoi l'on pense, et si ce n'est pas encore entré dans votre vie, ce que vous avez pensé est en chemin, mais voilà, ce qui empêche la matérialisation de vos désirs est la fréquence, le fait de penser uniquement ne suffit pas, il faut se créer une forme d'osmose entre ce que l'on pense et le sentiment éprouvé, et plus il gagne en intensité, plus il a des chances de se matérialiser.

Gardez espoir que les choses s'arrangent, car cela va s'arranger, l'univers a besoin de cet équilibre pour fonctionner.

Les « cycliques » sont deux formes d'énergies formant des tourbillons, l'un est positif, l'autre est négatif.

Ils fonctionnent grâce à l'esprit, mais le fait que vous ne recevez pas ce que vous demandez ne veut rien dire en soi, c'est en train de se produire, mais vous ne dégagez pas assez de magnétisme positif pour accélérer le processus.

Aussi, votre énergie est « chargée », c'est-à-dire que vous aviez pris l'habitude de vous résigner. C'est votre nature profonde qui vous charge en énergie négative.

Essayez d'associer le désir d'avoir plus d'argent à un sentiment positif très fort ! Cultivez votre enthousiasme ! Et aussi je reviendrai plus tard sur un point qui peut vous empêcher de matérialiser ce que vous désirez, il s'agit de « la pensée latente ».

Commencez dès maintenant à cultiver des pensées positives, et je vous donne cette phrase à noter une un bout de papier que vous consulterez en temps voulu si vous l'oubliez : « aujourd'hui est une bonne journée, la meilleure de toute, et demain, elle sera encore meilleure ! ».

Gardez ceci en tête, arrêtez de vous plaindre et devenez plus responsable de vos actes et de vos pensées.

Tout ce que vous pensez est en train de se produire, à plus forte ou plus faible intensité. Cependant, ce qui freine le processus, ce sont les pensées négatives dominantes et vos attentes, ce qui est synonyme de « manque », et vous ne récolterez que ce qu'à quoi vous avez songé, c'est-à-dire « le manque », car la fréquence de celle-ci est plus forte.

Chargez-vous positivement et ne soyez plus dans l'attente future, vivez l'instant présent comme si vous aviez obtenu ce que vous désirez, et répétez la phrase magique citée plus haut, imprégnez-la dans votre esprit.

Malheureusement, les problèmes suivront leur cours, comme je l'ai dit, nous ne pouvons arrêter un processus déjà enclenché, laissez les se produire, acceptez que cela se produise et dites-vous que derrière ça se cache de bonnes nouvelles. Les choses devront se rééquilibrer.

L'ancien schéma

Maintenant, j'aimerais que vous vous arrêtiez un instant et que vous regardiez autour de vous ! Que voyez-vous et comment est ce que vous percevez ce qu'il y a dans votre environnement ?

Tout ce que vous voyez, sentez, ou entendez, je risque de vous faire un choc, mais vous l'avez provoqué, c'est-à-dire que vous avez attiré les conditions de votre vie actuelle, et inconsciemment vous en êtes responsable ! Comment ? À cause de vos croyances limitantes.

Je m'explique, il y a un certain rapport entre vous et le monde qui vous entoure, et selon la manière dont vous le percevez et le ressentez, ce que vous envoyez à l'univers et ce que vous recevez est en parfaite osmose ; par exemple, si vous vous dites que vous n'avez pas de chance dans la vie, vous créez les conditions qui font que vous n'en aurez jamais !

C'est simple ! L'univers vous répond de manière effective, et ce que vous dites ou pensez sont le fruit de vos émotions associées.

Et concernant la loi de l'attraction ? Elle fonctionne tout le temps, vous êtes en permanence connecté à l'univers, aussi bien dans ce que vous pensez, ce que vous dites, et ce que vous ressentez, tout est relié.

Si vous dites que vous êtes nul, toutes les circonstances feront que vous l'êtes et plus l'univers vous renverra cette conviction et plus elle s'ancrera en vous ! Et rebelote à chaque fois.

Il s'agit d'une des lois de l'univers, celle de la cause à effet.

Afin d'inverser la tendance, je vous invite à faire la chose suivante !

Arrêtez de vous plaindre ! Car ce qu'il vous arrive ne sont que les conditions que vous avez émises auparavant, et plus vous entretenez ces pensées, plus elles reviendront vers vous comme un boomerang !

Apprenez à faire l'inverse, c'est-à-dire, au lieu de vous plaindre, éprouvez de la gratitude, même si les évènements extérieurs n'y prêtent pas !

Il y a peu de temps de cela, j'ai été sur la page Facebook d'un coach de vie, et à la vue de certains commentaires, ce fut pour moi très instructif, non pas dans les croyances qu'avaient certains individus, je résume en quelques lignes et vous allez comprendre pourquoi la loi de l'attraction ne fonctionnera pas sur eux :

- *« c'est bidon comme truc, ça ne fonctionne pas ! »*
(le commentateur entretient le fait que cela ne fonctionne pas !)

- « comment être sûr que cela marche ? »
(le commentateur émet un doute !)

- *« même quand c'est simple, ce n'est pas toujours facile ! »*
(effectivement, la commentatrice entretient le fait que ce n'est pas toujours facile !)

- *« je n'ai jamais eu de chance, pourquoi cela changerait ? Faut être réaliste ! »*

(celui-ci a une conception très terre à terre, et entretient sa malchance)

Ces personnes sont en proie à ce que j'appelle « le schéma », elles se sont bâti une identité sur les circonstances de leur vie, tout ce qui leur arrive est ressenti comme une fatalité, et ils ont raison…….ils ont raison……. seulement, ce qu'ils n'ont pas vraiment conscience, c'est qu'ils bâissent ce schéma, l'entretiennent, le nourrissent, se référant à leur vécu respectif, et cela résonne comme un message envoyé à l'univers, et si ces personnes ne changent pas de cap, qu'elles continuent d'alimenter l'univers de pensées négatives, il leur renverra exactement le même signal.

Maintenant, ce qui est possible de faire, est qu'au lieu de se plaindre, elles devraient éprouver de la reconnaissance ! Certains me diront *« chouette ! J'ai de la reconnaissance parce que ma voiture est en panne, que ma femme m'a quitté, et que je suis tombé dans les escaliers ! »,* la plupart d'entre vous y ont songé d'un air sarcastique n'est-ce pas ? (je devine un peu !)

Et c'est d'ailleurs pour cela que vous me lisez dans l'espoir de trouver un remède à toute cette guigne qui vous poursuit, dans ce cas, je vous répondrais que vous n'avez pas encore compris !

Tout ce que vous vivez, ce sont les aspects extérieurs de ce que vous avez créé auparavant, et entretenues par vos pensées, et l'univers vous le renvoie sans arrêt en pleine figure, mais malgré tout, certains ne comprennent pas !

Vous pouvez choisir votre vie ! La créer autrement ! C'est votre unique porte de sortie, stopper avec ses anciennes croyances issues de l'ancien schéma ! Vous retombez inexorablement dans le même cercle vicieux et cela vous empoisonne l'existence !

Ce simple choix s'offre à vous ! Soit vous continuez à vous plaindre et à rabâcher les mêmes trucs en vous plaignant (et vous aurez des raisons de continuer de vous plaindre, car l'univers vous reverra toujours la même chose), soit vous changez votre vision des choses, d'aller bien au-delà de vos pensée, sans recréer les circonstances de votre malheur, en ayant de la reconnaissance (même si cela peut sembler absurde et c'est votre ancien schéma qui parle), et vous récolterez tout ce dont l'univers a à vous offrir !

Ayez de la reconnaissance d'être en vie, d'avoir une télé, une voiture, une femme dans votre vie, car pour tout le monde, ce n'est pas le cas, et vous n'avez pas encore idée de ce à quoi vous pouvez avoir de la reconnaissance.

Éprouvez cette reconnaissance d'être en vie, qui sait ce qu'il se passera demain, cela ne dépendra que de vous !

Laissez les problèmes de votre ancien schéma s'écouler, il faut pour la plupart un certain temps avant qu'ils s'atténuent, car ils sont toujours en cours et doivent être menés à terme !

Plus vous éprouverez de la reconnaissance, et plus l'univers vous accordera un peu plus, et au contraire, plus vous vous plaindrez de votre vie, et plus les circonstances de votre vie vous donneront des raisons de continuer à le faire !

Vous êtes le créateur des circonstances de votre réalité

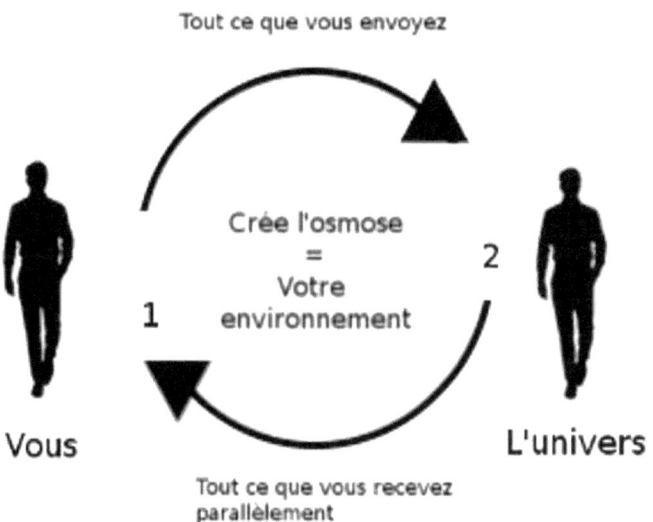

Tout ce que vous envoyez

Crée l'osmose
=
Votre
environnement

1

2

Vous

L'univers

Tout ce que vous recevez
parallèlement

1 : Ce que vous renvoie
l'univers renforce ou
preserve vos croyances

2 : réenclenche le processus

Voir son avenir avec espoir et ressentir que de bons événements vont se produire !

N'oubliez pas que c'est vous qui provoquez tout ce qu'il vous arrive ! Quand vous entamez un projet et que cela ne fonctionne pas, c'est parce qu'au fond de vous, vous n'y croyez pas, car vous vous posez trop de conditions ou de limites.

Il suffit de regarder votre destination à l'horizon et non à quel moment vous allez y arriver, je comprends votre empressement, et j'en suis passé par là. Si quelque chose doit se produire, cela se produira ! Seulement, vous devez avoir conscience que vous êtes en proie à vos anciennes croyances, et la vie que vous menez suit son cours avec son lot de problèmes, mais rassurez-vous ! Tout a un terme, et retenez bien ceci :

Plus vous entretiendrez des pensées négatives, en phase avec votre réalité, résignés et fatalistes, et moins elle perdra en intensité, involontairement, vous repoussez l'échéance de vos problèmes, car :

« Vous les voyez tout le temps ! »

Ne serait-il pas mieux de regarder ailleurs avec espoir et enthousiasme ? Bien sûr, il y aura des coups durs, mais vous êtes encore dans la spirale infernale, mais si vous ressentez que les événements vont s'améliorer, ils s'amélioreront, il suffit juste laisser le temps à « la batterie » de se décharger, la spirale négative perdra en intensité, et se traduira par une transmission d'énergies de négatives à positives.

Pour cela, il faut vous en convaincre inlassablement en récitant cette phrase magique chaque soir avant de vous coucher et en vous levant le matin :

« Aujourd'hui est une bonne journée, la meilleure de toutes, et demain, elle sera de mieux en mieux ! »

Notez-la sur un bout de papier que vous garderez sur vous ! Arrêtez de penser en termes de problèmes, mais de solutions, à chaque fois qu'une journée se passe mal, ne jetez pas les projecteurs sur les événements négatifs, car je vous le dis, demain sera toujours meilleur si vous le décidez vraiment !

LE CERCLE VERTUEUX ET VICIEUX

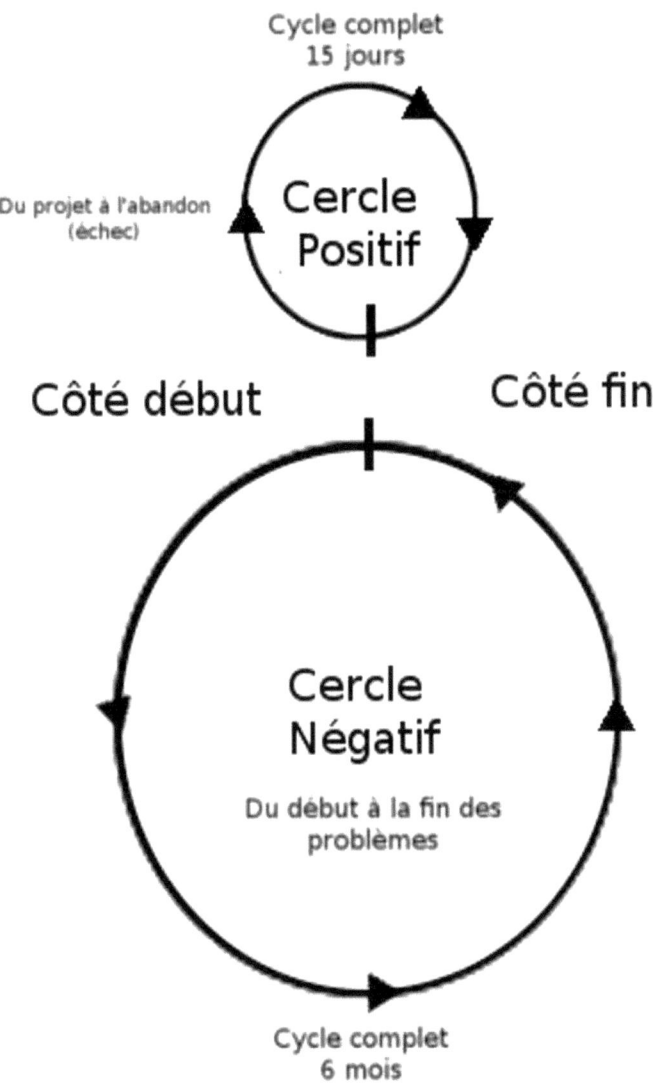

Cycle complet
15 jours

Du projet à l'abandon
(échec)

Cercle
Positif

Côté début

Côté fin

Cercle
Négatif

Du début à la fin des
problèmes

Cycle complet
6 mois

CHAPITRE 5:
LES LOIS DE L'UNIVERS

« Vivez avec un but, Et laissez-en le résultat à la grande loi de l'univers. »
*(**Zengetsu**)*

Tout ce qui constitue notre être et le monde qui nous entoure constitue l'univers.

Il agit tout autour de nous et à travers nous sous forme d'énergies positives ou négatives, qui, selon leur intensité, attirent ou repoussent comme un aimant les objets et les circonstances, elles existent à la fois sur le plan matériel et immatériel.

Il y a deux mondes qui constituent l'univers, celui autour de nous, qui est l'environnement dans lequel nous évoluons, et le monde intérieur, celui de nos pensées, il est composé de nos croyances, issue de la perception que nous en avons, elles-mêmes issues de nos neuro-associations entre des émotions déjà ancrées en nous et les informations entrantes dans notre esprit.

Chaque individu ne représente qu'un fragment de l'univers, nous faisons tous partie d'un seul et même ensemble, vibrant chacun à une fréquence qui nous attire ou nous repousse entre nous.

Les lois de l'univers existent, mais très peu savent comment elles fonctionnent réellement. Elle attire vers nous tout ce à quoi nous pensons, afin de vivre de tous ses bienfaits.

Toutefois, l'univers fonctionne selon ses propres règles, et la loi de l'attraction, à elle seule, ne peut vous apporter tout ce que vous désirez, car il existe quatorze lois principales, toutes liées les unes aux autres.

1 : La loi de l'unité divine

Dans l'univers, tout est connecté, à la fois les pensées, les actions, les objets, les personnes ou circonstances, relatifs à cette loi, nous émanons tous d'une même source divine. Nous faisons tous partie d'un même ensemble vibrant à des fréquences différentes. Nous sommes à la fois les créateurs et les créations, ce qui provient du monde extérieur est le fruit de notre monde intérieur, car nous les avons attirés à nous inconsciemment.

2 : La loi de la vibrations

Elle fonctionne par fréquences, tout ce qui voyage dans l'univers a ses propres énergies, fonctionnant ou non en harmonie. Plus la fréquence vibratoire est haute, et plus elle est en osmose entre le désir (ou crainte) et l'univers, en clair, nous attirons à nous tout ce que nous désirons ou craignons selon l'intensité de nos pensées et émotions.

3 : La loi de l'action

Tout ce que nous désirons doit être accompagné d'une action menant au but recherché, et cela, peu importe la taille de celle-ci, ce qui prime, c'est l'effort et l'intensité éprouvée dans sa direction. Chaque engagement que nous prenons engendre une réaction due à cette loi. Croire ou vouloir quelque chose ne suffit pas ! Il faut faire quelque chose en direction de ses objectifs et ne pas abandonner.

4 : La loi des correspondances

Ce qu'il se passe à l'intérieur de nous-mêmes correspond à ce qu'il se passe à l'extérieur, le dehors est similaire au dedans. Nous sommes inconsciemment les créateurs de notre propre réalité, tout ce qu'il se passe dans votre vie est le résultat de vos pensées liées au paradigme. Et plus nous l'affirmons à cause de nos croyances limitantes, et plus nous évoluons dans notre monde dans la même direction.

5 : La loi de causes à effets

Elle stipule que rien ne se produit au hasard ou en dehors des lois universelle. Toutes actions provoque une réaction. Pour résumer cette loi, nous récoltons ce que nous semons, volontairement ou non, c'est pour cela qu'il faut faire attention à ce que nous émettons. Nous sommes à la fois conscients de la réalité que nous créons, et nous la réenclenchons le processus en croyant que tout ce qui nous arrive provient uniquement du monde extérieur.

6 : La loi de la compensation

Tout ce que vous donnez à l'univers vous sera rendu sous différentes formes avec la même intensité, et plus nous donnons, plus nous obtenons. Il ne s'agit pas uniquement d'objets du monde physique, les dons peuvent être d'ordre spirituels.

7 : La loi de l'attraction

Elle est au centre de mon livre, bien que les autres lois ont leur utilité et sont en correspondance entre elles, nous attirons à nous tout ce qui est en accord avec les lois de l'univers. Elle fonctionne en permanence depuis la naissance, et tout ce qu'il y a autour de nous est la manifestation de ce à quoi nous avons pensé.

8 : La loi de transmission de l'énergie

Elle consiste à ne pas se laisser emprisonner dans les pensées négatives, mais au contraire, de voir le côté positif de chaque situation. Vos pensées changent votre fréquence négative et se transforme en fréquence positive selon l'intensité, selon votre niveau d'enthousiasme ou d'angoisse qui donne du poids sur la balance. Ne vous laissez pas dominer par les événements ! Derrière les nuages, il y a toujours le soleil, n'abandonnez pas !

9 : La loi de gestation

Avant que toutes choses viennent à vous dans l'univers, il faut une période de gestation, comme la graine qui devient une plante, ou un embryon qui devient un bébé, tout dans l'univers a besoin d'une période d'adaptation, et il sème des circonstances vous menant au but souhaité. La loi de gestation suit un cycle qui ne peut être interrompu et les circonstances antérieures doivent continuer à se produire avant tout changement, cela s'appelle « phase de transition »

10 : La loi de la relativité

Tout ce que nous envoyons à l'univers a une réponse relative à la fréquence émise, qu'elle soit en bien ou en mal, nos pensées et nos paroles (volontaires ou non) déclenchent un processus qui doit se poursuivre jusqu'à terme.

11 : La loi de la polarité

Elle stipule que nous avons tous un contraire. Il ne peut y avoir de chaud sans le froid, il ne peut y avoir de haut sans le bas. Tout comme les fréquences vibratoires, pour une même émotion, ne peut être à la fois haute et basse, c'est soit l'une, soit l'autre. Il est impossible de voir notre force si nous nous percevons comme une personne faible.

12 : La loi du rythme

Tout dans l'univers fonctionne en rythme, les secondes donnent des minutes, puis des heures, le jour succède à la nuit, rien n'est statique ! Tout bouge à son rythme.

13 : La loi de la croyance

Cette loi stipule que tout ce que nous croyons comme vrai devient notre réalité, mais cette loi ne fonctionne pas si nous ne faisons que penser à une chose, il faut avoir l'intime conviction qu'elle va se produire. Nos croyances limitantes créent notre réalité dans laquelle nous évoluons.

14 : La loi du genre

Cette loi stipule que tout dans l'univers a ses propres caractéristiques. Le masculin diffère du féminin, le bon diffère du mauvais, etc.…

Pour utiliser les lois de l'univers de manière optimale

Je vais vous confier le fameux secret dont j'ai pris connaissances il y a quelques années et vous donner les clés du succès. Quand vous comprenez de quoi je veux parler, cela vous sera quelque chose de très puissant une fois que vous en maîtriserez l'essence même de ce que vous apprendrez !

Malgré tout ce que vous avez lu sur le sujet, il vous manque une chose essentielle, quelque chose de très important qui va à l'encontre de votre évolution dans votre environnement.

Ce que vous avez tout autour de vous, cela vous appartient, à la fois, les amis, les objets du quotidien, votre petit(e) ami (e), votre travail et votre salaire.

Vous avez une voiture….. c'est bien, le logement que vous avez vous plait…… parfait, vous vous plaisez dans votre travail…… tant mieux….., et vous estimez avoir tout ce qu'il faut pour être heureux….. c'est super !

Déjà, la bonne nouvelle, c'est que vous vous sentez bien dans ce que vous avez ! Il n'y a pas de dette, pas de soucis extérieurs avec d'autres personnes, tout se passe bien avec votre partenaire, comme je l'ai dit au tout début du livre, vous avez une situation stable.

Mais au fond de vous, n'avez-vous pas envie de voir au-delà de cette ligne psychologique que vous vous êtes créé ? N'avez-vous pas envie d'aller « au-dessus de la ligne » ?

Je m'explique, ce que vous vivez actuellement s'appelle « votre zone de confort », cela veut dire que vous pouvez vous satisfaire de ce que vous avez, sans chercher à aller plus loin, mais est ce parce que vous voulez cette situation, vous vous plaisez dedans, ou vous vous dites qu'il est impossible pour vous d'aller au-delà ?

Je me souviens quand j'étais plus jeune, quand j'avais eu ma première voiture, j'étais content de ma petite R5. J'éprouvais une certaine fierté à rouler avec elle ! C'était pour moi synonyme d'indépendance, mais très vite, je me suis lassé de cette voiture, voulant avoir plus grand.

Par la suite, on m'a vendu un monospace pour une somme qui me semblait déjà importante étant jeune, 1000€, en roulant avec, je pris de l'importance et de la hauteur, très fier de ce véhicule, ma petite R5 était devenue toute petite, et je me suis demandé « comment ai-je pu rouler avec ça ? ».

Mais ce monospace, quelqu'un me la vandalisé, en me crevant les quatre pneus. Je n'avais pas les moyens financiers de remplacer ceux-ci. Alors, un voisin m'a proposé un deal, celui d'échanger mon monospace contre une 405, un véhicule diesel. J'y voyais le côté économique du véhicule, l'essence étant plus cher en 2006, le gasoil revenait à moins d'1€ du litre et elle consommait très peu malgré son âge (elle était de 1988), j'en ai bien profité de ce véhicule, j'ai fait des kilomètres avec pendant des années, et je me disais encore « comment ai-je pu rouler avec ce véhicule qui consommait tant ? »

Cela va vous faire sourire, mais ce véhicule, je m'en suis lassé, voulant quelque chose d'un peu plus récent ! Alors, j'ai acheté pour un peu plus cher, une Xsara de 1999 (modèle qui me semblait un peu plus récent, et qui plus est

Diesel), au début, je trouvais ceci super de rouler avec cette voiture, mais par la suite, devinez quoi, je m'en suis lassé.....au bout de deux ans....., car elle avait un défaut, son fort kilométrage !

Par la suite, j'ai acheté une Zafira, encore plus chère (ce que j'estimais l'être !), et en repensant à mes anciens véhicules, la lointaine R5 me semblait rikiki à côté, un jour, je me suis garé à côté de l'une d'entre elle et pour parler durement, pour moi, c'était devenu une misérable voiture, ce que j'éprouvais, c'est un peu plus d'importance que l'époque, et chose curieuse, pourquoi les véhicules semblent t'ils « rétrécir » ? Ma perception de mes anciennes voitures avait changé !

Un peu plus tard, j'ai encore changé de véhicule, quelque chose d'un peu plus gros et beaucoup plus cher, j'ai acheté une Kuga, c'était la mode des SUV et cela signifiait pour moi une forme de prestige, je vous laisse deviner comment je percevais ma R5, elle semblait être (j'exagère en disant ceci) un véhicule pour enfant, tellement elle me semblait petite à côté de mon imposant SUV.

Tout ceci pour vous dire que quand les conditions de notre vie changent, notre perception des choses et des événements changent avec elle, tout ce que l'on croyait hors de portée et de taille finit par devenir plus petit.

Tout ça pour dire que plus on prend de la hauteur, et plus la perception change ! Seulement voilà, pour la plupart, nous croyons être au maximum de nos capacité et nous nous satisfaisons de ce que l'on a, nous estimons ne pas franchir la ligne au-dessus.

Ce qui manque à votre esprit, c'est ce petit cran au-dessus, c'est d'aller au-delà de vos croyance limitantes qui vous prive de la vie que vous méritez, et malgré tout ce que j'ai dit d'autre dans ce livre, ce qu'il vous manque….. c'est d'avoir……

….L'ESPRIT AU-DESSUS DE LA LIGNE

Pour vous décrire ceci plus en détails, comment vous percevez vous et comment voyez-vous le monde qui vous entoure ? Estimez-vous être bien dans ce que vous vivez au quotidien ?

Bien sûr, vous n'avez aucun problème, tout va bien et quelque par, c'est tant mieux, mais…..où sont donc passé vos rêves ? Êtes-vous devenu résignés au point de se contenter des miettes de la vie ? Votre esprit a été conditionné de cette manière, créant cette conviction profonde que vous ne pouvez plus rien faire d'autre.

Le message que vous envoyez à l'univers est tel que vous le recevez, les circonstances extérieures sont celles que vous avez créé inconsciemment, et pris au piège de vos croyances…...vous croyez ne plus avoir de magie au fond de vous, comme quand vous étiez enfant.

Il y a trois circonstances dans votre évolution qui vous ont poussé à avoir une certaine forme de perception :

De par votre éducation, qu'elle soit parentale, scolaire, ou professionnelle, il y a eu tout au long de votre vie quelqu'un au-dessus de vous, et c'est devenu inconsciemment une habitude pour vous, à la fois dans le ressenti et dans la perception, même si vous avez la volonté de vous dépasser, si vous continuer à avoir ce type de perception, vous n'irez nulle part, ce qu'il faut, c'est se mettre au niveau de ceux que vous croyez supérieur, c'est de changer d'angle de vue, avec votre esprit, vous allez monter d'un cran et ne plus percevoir un supérieur hiérarchique comme quelqu'un d'imposant, mais comme quelqu'un comme vous, tel que vous verrez un ami, essayez de vous mettre à sa place et d'analyser son point de vue, pour lui, vous êtes comme la R5 évoquée un peu plus haut.

De par votre entourage, que ce soit votre famille ou vos connaissances, sans dire « amis » avec leurs précieux conseils sans avoir tenté quoi que ce soit dans leur vie, mais vous avez écouté ces personnes avec votre naïveté juvénile, prenant connaissance de fausses croyances, telles que vous étiez nul(le)s, incapable de faire certaines choses du quotidien, du coup, ce sont eux qui sont devenu plus imposant, même qu'ils ont pris un plaisir inconscient de se sentir important pour vous, et cela vous a suivi toute votre vie durant, même si vous pensez le contraire, il s'agit de votre perception interne par rapport au monde extérieur, si bien que ce type de pensées a été intercepté par l'univers qui vous a répondu à l'effective pour s'aligner, se mettre en osmose avec les circonstances qui vous ont poussé à croire que vous étiez un perdant, vous vous percevez comme tel, à cause de ce que vous avez envoyé à l'univers, et à cause de ce qu'il vous a renvoyé dans votre environnement, formant un schéma de cause à effet et ainsi de suite.

De par la valeur accordée à votre environnement, quand vous étiez à l'école, ou même par l'éducation parentale, suivant le milieu d'où vous venez, on vous a appris certaines croyances et la valeur des choses, à associer de la valeur à des objets, du moins important au plus important, si bien que les sommes qui vous semblent imposantes sont inaccessibles, et que vous ne pourrez pas vous offrir une vie de rêve avec une maison, une voiture de sport ou encore faire des voyages sur des îles paradisiaques, et ce qu'il y a de plus navrant, c'est que la télévision vous le rappelle à chaque fois, avec les mariages princiers et le luxe, ce qui procure en vous du rêve, et du désire intérieur d'être un jour comme eux, mais ce ne sera pas possible, car « vous n'avez pas les moyens financiers ».

Dans votre microcosme, il y a des personnes au-dessus de vous et en dessous, et vous vous situez dès lors entre les deux (vous l'aurez deviné même sans le marquer), on vous a appris quelle forme avait la société, quelle place avait chacun d'entre nous pour faire fonctionner tout ce petit monde. Et comme je vous l'ai expliqué plus haut, l'univers vous renvoie le message suivant « vous n'irez pas plus haut que ce que vous êtes destiné à faire », et les circonstances extérieures vous poussent à y croire, tellement que vous consolidez le message de l'univers, qui lui le consolide à son tour, et rebelote, rebelote, rebelote……

Le point commun entre l'éducation que vous avez eue, les croyances que vous ont donné votre entourage, et la valeur que l'on vous a donné aux choses de votre environnement ont tous un point commun :

CELA VOUS « SEMBLE » AU-DESSUS DE VOUS !

Réfléchissez bien à comment vous vous percevez ! Et là, j'en reviens à la loi de la polarité, il y a toujours un plus, et un moins, un côté positif et l'autre négatif, où se situe votre environnement ? Et où est ce que vous vous situez ?

Tout vous semble supérieur à vous, aussi imposant qu'une montagne telle le Mont Blanc, pour un alpiniste novice, il se présente devant cette montagne et trouve ceci imposant, alors, il escalade et plus il grimpe, et plus ce qu'il lui semblait insurmontable l'est moins ! Puis, il recommence et perçoit la montagne différemment, un peu plus détendu, il y arrive avec un peu plus d'aisance que la première fois. Il gagne en confiance !

Mais s'il escalade le K2, tout ce qui lui semblait énorme devient plus petit dans sa perception, et le Mont Blanc semble minuscule à côté.

Regardez tout autour de vous !

- Une maison vous semble plus cher !
- Une montagne vous semble plus haute !
- Des personnes semblent avoir plus de chance que vous !
- Un millionnaire a plus d'argent que vous !
- Un patron a plus d'autorité que vous !

Ce que vous percevez, c'est que les autres ont toujours « plus », alors je vous laisse deviner où vous êtes, dans le « moins » ! et inconsciemment, vous vous sentez dévalué, diminué, et c'est pour cela que la loi de l'attraction ne peut fonctionner sur vous tant que vous ne prendrez pas un peu plus de hauteur avec votre esprit, de vous réaligner avec tous les aspects de votre vie que vous considérez comme supérieurs.

Avec un peu de bon sens, vous voulez vous sentir millionnaire, mais d'un autre côté, vous percevez le millionnaire supérieur à vous, donc, vous êtes inférieur, pour un chef d'entreprise, c'est pareil, et d'autres circonstances aussi, et cela provient d'un seul endroit, la manière dont vous percevez votre monde extérieur.

Là réside toute l'astuce de la loi de l'attraction, et pour qu'elle fonctionne à 100 %, il faut se sentir supérieur (et non se croire supérieur), percevoir une personne riche comme votre égal, tel un ami (vous n'êtes pas obligé de le devenir dans la réalité, mais qui sait ?)

Pour vous y aider, je vais vous donner un exercice à faire, et j'entends encore un qui s'écrie *« encore un ? »*, et je vous répondrais que vous n'êtes pas obligé de tous les essayer en même temps, testez en un ou deux, et vous verrez les événements se transformer autour de vous, car tout ce que j'ai déjà évoqué fonctionne !

Dans un endroit isolé, vous allez vous mettre debout, les pieds joints, et les bras le long du corps ! Fermez les yeux, puis respirez normalement !

Vous ferez comme si une énergie venant du sol remontait des pieds à la tête, et vous allez vous donner l'impression de grandir intérieurement !

Mettez vos mains paumes vers le haut au niveau de la ceinture, et vous les remonterez tout doucement, comme si vous vouliez aider cette énergie à parcourir votre corps ! Faite comme si plusieurs vagues vous traversaient et remontaient jusqu'à la tête !

Dans votre esprit, imaginez une personne qui vous semble supérieur, et vous allez en même temps que vous remontez votre énergie, réduire cette personne jusqu'à lui donner l'apparence d'un enfant ou d'une personne de petite taille, et vous allez vous sentir supérieur à elle !

Faites ceci pendant 10 ou 20 minutes par jour, plusieurs séances peuvent vous aider à remonter l'estime de vous-même, et si vous le faites correctement, la prochaine fois que vous verrez cette personne, elle vous semblera différente !

Vous pouvez essayer avec une montagne, ou un sac d'argent, le résultat sera le même, vous n'aurez plus la même perception qu'avant !

Je vous le dis, ça fonctionne vraiment ! Et il n'y a rien de magique là-dedans, c'est vous qui déclenchez le processus de changement. Et je peux dès à présent vous en féliciter, car vous avez atteint un nouveau palier ! Celui de l'assurance en vous-même !

Tout vous semblera tellement naturel que vous n'aurez plus de freins à demander par exemple un prêt conséquent à un banquier si dans votre esprit vous le programmez de sorte qu'il accepte tout ce que vous lui demanderez !

CHAPITRE 6 :
L'ENVIRONNEMENT

« Notre système de pensée détruit notre environnement, il faudrait changer nos pensées pour nous protéger. »
(Steve Lambert)

Nous vivons tous dans un même univers comportant deux types d'environnements. Tout ce qu'il se passe autour de nous est exactement pareil, la seule chose qui varie, c'est l'analyse des situations

Il y a d'abord celui à l'extérieur de l'enveloppe charnelle, commun à tous les mortels, qui est statique, il se passe exactement la même chose, l'air que l'on respire, l'herbe que l'on foule ou l'eau que l'on boit, tout est identique.

Ensuite il y a celui qui est à l'intérieur de notre corps, qui est le véhicule nous permettant d'interagir avec le monde extérieur, l'environnement est dynamique et peut être modifié grâce à l'inconscient.

Chaque être composant notre monde extérieur réagit différemment à celui-ci, suivant leur propre schéma de vie.

C'est-à-dire que nous sommes tous programmés à ressentir, grâce à nos cinq sens le monde extérieur de différentes manière, selon nos points de vue.

La perception

Ce qui caractérise la nature humaine, c'est son égo, et nous en avons tous un, plus ou moins prononcé. Ce qui semble assez paradoxal quand un individu se dit altruiste, il s'attend à ce que l'on le voit comme telle, mais au contraire, il envoie l'image de quelqu'un qui veut se montrer, centré sur sa personne, et généralement, il finit par se retrouver seul, car, il ne s'intéresse à rien d'autre qu'à lui-même.

Je me souviens, il y a quelques années de cela, j'avais vu une photo qui représentait un homme à côté d'une personne invalide, il était en fauteuil roulant. La question qui me traversa l'esprit est qu'attendait cette personne à côté de cet invalide ? Voulait-il se montrer à son meilleur jour ou est ce une photo sans arrière-pensées avec des intentions pures ?

De ce fait, et s'il y a une chose à savoir sur l'univers, il agit en nous et autour de nous. Nous ne pouvons continuer à se lamenter ou haire les autres, car cela envoie un mauvais signal qui aura des conséquences sur notre vie si nous ne changeons pas notre manière de penser ou d'agir.

Qu'est ce qui pousse un individu à nous percevoir d'une certaine façon ?

Regardez tout autour de vous ! Que voyez-vous ? Toujours les mêmes personnes qui ont un certain style de vie et comportements. Pour vous, il est assez difficile de le percevoir, puisque vous avez pris l'habitude de les côtoyer, mais en reprenant ce que j'ai déjà évoqué dans les lignes précédentes, les personnes manquant d'affirmation de soi, de respect ou d'amour et qui sont constamment dans la critique ou l'auto critique sont celles qui s'en sortent le moins dans la vie.

Exemple :

Les personnes pauvres critiquent les riches ou ceux ayant du succès alors que nous voyons quasiment jamais l'inverse se produire. Ces derniers ont des pensées d'opulence et de prospérité, toujours l'esprit tiré vers le haut, et à la recherche constante du dépassement de soi.

Quand les conditions d'une personne change, l'entourage change, que ce soit en comportement vis-à-vis de vous, ou de ressenti.

Le travail de la perception du monde doit se faire sur vous-même, je ne vous invite pas à revoir certaines personnes qui ont façonné votre vie, dans certain cas, ce serait sans nul doute impossible (vivant dans un lointain pays, ou étant morts par exemple).

Mais de restructurer tous les événements dans votre tête, en repensant à ces personnes qui ont été nuisibles pour vous.

Les aspects de la perception

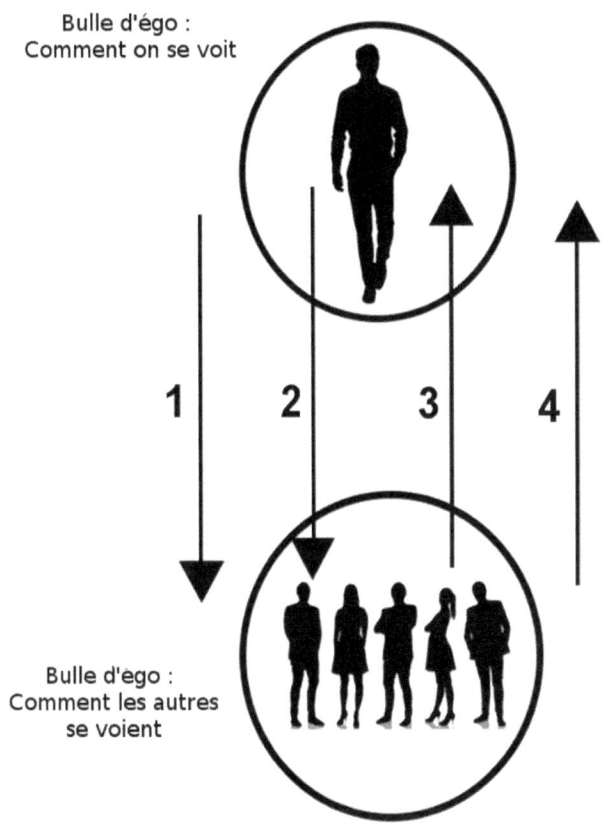

1- Comment vous percevez les autres

2 - Comment vous croyez être perçu

3 - Comment les autres se croient perçus

4 - Comment ils vous perçoivent

Comment remédier à cela ?

En reconsidérant la perception du monde qui vous entoure.

Cela évitera ainsi d'attirer à vous tout ce que vous ne voulez pas ou plus. Prendre un peu de recul et arrêter de vous sentir faible devant les individus qui ne sont, je le rappelle, que le reflet de ce que vous êtes !

La façon dont vous pensez agira sur votre environnement, mais attention, il ne suffit pas uniquement de penser, ce serait trop facile sinon ! Il y a de nombreux éléments à prendre en ligne de compte

En dehors du fait que la plupart qui ont de l'argent ou du succès ou que leurs relations se portent au mieux, et pourtant, vous êtes en tout point identique (cela vous surprend t il?)

La seule chose qui vous différencie d'eux est la perception du monde qui les entoure, et l'estime qu'ils ont par rapport à celui-ci, de comment ils se sentent vis-à-vis des autres. Tout est lié à cette perception.

Quelle est votre valeur ?

Je ne vous demande pas de me donner un montant vous l'aurez compris ! Mais aux yeux de tous ceux que vous avez ou aurez dans votre vie, que valez-vous ?

Il y a une distinction entre la valeur que l'on se donne, et celle que ceux de notre entourage nous donne. Et au fond de vous réside cette petite voix qui vous murmure que si vous y croyez, vous y arriverez. ! Cependant, pour revenir un peu en arrière, vos croyances sont issues de la neuro-associativité entre le paradigme et les informations entrantes.

Vos croyances sont issues de votre enfance, mais elles ont été renforcées avec le temps. Tout ce que l'on vous a appris sur vous-même qui était infondé, en disant de vous que vous étiez nuls ou incapable de faire certaines choses, ce qui provoque une baisse de l'estime de soi. Mais si votre entourage avait pris en ligne de compte vos émotions, il vous aurait encouragé, vous donnant une plus grande valeur, et vous auriez ressenti ceci au fond de vous.

Vous, petit être curieux de tout, vous étiez en éveil devant le monde qui vous entoure encore actuellement, en éprouvant de l'enthousiasme, de la colère, mais aussi de la peur, chaque petite chose que votre entourage vous a transmis a eu son lot de significations en bien ou en mal.

Vos parents vous ont empêché de toucher certains objets du quotidien, et ont créé par la même occasion un sentiment lié à cette interdiction, par ma suite, vu que le lien était créé entre l'objet et le sentiment de crainte, vous n'osez plus y toucher, surtout si cette croyance s'est renforcée d'année en année.

De ce fait, vous n'osez plus apprendre par vous-même à cause des interdits et restant dans l'ignorance de savoir comment certains objets fonctionnent, et pourquoi d'autres personnes peuvent y toucher.

Les blocages viennent de là ! Il y a toujours eu, ou du moins, souvent, quelqu'un au-dessus de vous, et cela vous a empêché de vous responsabiliser, vos parents ou proches vous ayant empêché de vous laisser faire, en vous décourageant, en disant que cela ne sert à rien, ou en ne prenant pas au sérieux ce que vous faisiez à cause de votre jeune âge.

Aussi, vous êtes devenu dépendant des autres, car la moindre tentative pour devenir un peu plus responsable se soldera par un manque de confiance personnelle, de la peur des réactions et des moqueries. Comment vont réagir tous ceux qui vous entourent ? Trouveront-ils votre démarche ridicule ? Ils diront que vous perdez votre temps ? Cela sent le vécu ce que je dis là, hein ?

Votre entourage, étant habitué à vous voir ainsi, avec une estime au plus bas, ne sera probablement pas prêt à accepter les changements qui s'opèrent dans votre vie s'il y en a, même si certains vous félicitent de vos initiatives.

D'autres vous critiqueront, préparez-vous à cela, à moins de rester disctret, mais avec le succès, difficile de l'être, cela reste un choix comme un autre avec des avantages et des inconvénients, et il y a et aura toujours un prix à payer, alors, quel est votre valeur ?

Comment gagner en confiance ?

À quel niveau êtes-vous par rapport aux autres ? Que ce soit des amis, la famille, ou ses responsables hiérachiques, comment vous sentez-vous en leur présence ?

Dans votre environnement, quand vous fréquentez tous ceux qui constituent votre entourage, vous ressentez inconsciemment leur énergie. Cela se résume en termes de puissance ou de faiblesse, d'importance ou de non-importance. Chaque individu dégage une énergie. L'intensité de chacun se ressent. Cela s'appelle « l'aura ».

Aussi, je vous invite à faire cette petite expérience, vous allez noter tous les sentiments que vous éprouvez au contact de certaines personnes, ce qu'elles dégagent d'elles-mêmes. Est-ce intense ? Moins intense ? Provoquent-ils en vous de la joie ou de la peur ? N'essayez pas avec les personnes que vous connaissez déjà, mais plutôt avec des inconnus.

Avez-vous une perception haute ou une perception basse de ceux qui vous entoure ? En clair, vous sentez-vous quelqu'un de fort ou un minable ?

Vous aussi, vous dégagez votre propre énergie et cela se ressent à l'extérieur.

Quand vous craignez de rentrer dans un quartier dangereux d'une cité HLM, que se passe-t-il au fond de vous quand vous marchez tranquillement très près d'un groupe de jeunes ? Vous éprouvez de l'angoisse ? Ces jeunes vous ne les connaissez pas, mais quelque chose au fond de vous créé le sentiment d'oppression, comme si quelque chose allait se produire, lié à ce que vous avez appris à la télé qui parle d'agressions de rue, en clair, vous avez associé ceci à la dangerosité du milieu.

Ce qui est relatif, c'est cette peur générée en vous, elle crée une aura de crainte qui se dégagera de vous, et ceux que vous croiserez le ressentiront, créant les circonstances d'une éventuelle agression (s'ils sont réellement agressifs).

Intérieurement, vous créez des sentiments néfastes et destructeurs, et tout ce qu'il se produit à l'extérieur agit comme un aimant, tout ceci à cause de vos anciennes croyances.

Que ce soit dans l'éducation parentale ou scolaire, que ce soit dans vos fréquentations, il y a toujours eu quelqu'un au-dessus de vous, et inconsciemment, vous donnez raison au fait que vous vous sentez petit.

Mais en reconsidérant les choses, un employeur sera toujours au-dessus de vous administrativement, mais vous formalisez trop ceci. Il est peut-être supérieur hiérarchiquement, mais il ne demeure pas moins un être humain, vous respirez le même air que lui, il peut mourir, se blesser, éprouver des émotions, en dehors du statut social et du compte en banque, il est en tout point identique à vous.

Par contre, vous pouvez changer votre angle de vue sur sa personne, comment ? En changeant votre perception, et d'une certaine manière, essayer de ne plus voir une imposante personne qui vous donne le sentiment d'être miniature, mais petit à petit, en le rendant miniature.

Vous allez l'imaginez dans votre tête, et le voir de plus en plus petit, et relativement à cela, imaginez-vous supérieur à lui émotionnellement.

Inconsciemment, et si vous faites ceci tous les soirs avant de vous coucher, vous allez gagner en confiance, toutes les personnes que vous côtoyez qui vous semblaient plus imposantes deviendront plus petites, et dites-vous aussi « je suis plus haut qu'eux ! ».

Mais attention, je ne dis pas qu'il faut être supérieur, mais se sentir supérieur, là est la nuance, vous n'allez pas interagir avec le monde extérieur, mais garder ce sentiment au fond de vous !

Imaginez un enfant, vous êtes plus grand que lui, vous ressentez cette grandeur, ce que je vous demande, c'est d'associer ce ressenti avec une personne que vous craignez, voyez le comme cet enfant. Et ne prêtez plus d'importance à son aura, ce qu'il faut, c'est grandir la vôtre.

En gardant ça pour vous, vous observerez ce qu'il se passe sur plusieurs jours, votre perception ne se sera plus la même, les rapports délicats entre votre employeur et vous-même vont s'atténuer jusqu'à vous sentir au même niveau que lui émotionnellement, il sera moins sur votre dos, et peut être même qu'il vous invitera à prendre le café avec lui. (je sais de quoi je parle!)

Ne soyez plus prisonnier de vos anciennes croyances qui vous obligeaient à percevoir toujours quelqu'un au-dessus de vous, imaginez une ligne émotionnelle. Envers un enfant, vous aurez une fréquence plus forte, inversement, envers un chef d'entreprise ou un ministre, vous aurez une fréquence plus basse, ce que j'essaie de vous faire comprendre, et c'est pour cela que je me répète pour que vous compreniez bien ce qui ne va pas, il ne sera pas possible, ou peut-être difficile pour vous de concevoir le succès si vous vous sentez plus bas qu'un patron qui vous inspire la crainte !

Vous êtes l'otage d'un système de croyances qui vous limitent car, étant tout petit, vous aviez toujours quelqu'un au-dessus de vous ! Êtes-vous encore un enfant ? Non ! Alors, redressez les épaules, et soyez plus fière de vous !

Supposons la chose suivante, si vous voulez devenir millionnaire, comment percevez-vous les riches honnêtement ? Vous inspirent-ils de la crainte ? De la puissance ? De l'autorité ? Si vous ressentez ces émotions au fond de vous, vous n'arriverez pas à ce niveau supérieur. Qui plus est, si vous les critiquez, c'est l'image de votre « vous » futur que vous critiquez !

Devenez le meneur et non le suiveur !

Il n'est pas trop tard ! Vous pouvez reprendre votre vie en main, il n'y a pas de meneur ou de suiveur, mais tout le monde peut devenir l'un ou l'autre, si l'on décide de vivre un peu plus pour soi et non suivant le dictât de votre entourage. Votre vie n'appartient qu'à vous et vous n'en avez qu'une, apprenez à bien l'utiliser !

Le meneur prend sur lui, il ne rejette jamais la faute sur les autres, aussi, il rectifie. Cela se définit par une personne qui assume l'entière responsabilité de ses actes, et ne bénéficie d'aucune forme de zone de confort, s'il arrive quelque chose, il a cette capacité d'encaisser sans jamais fléchir. Quant au suiveur, il fait l'exact opposé, il préfère avoir quelqu'un qui assume à sa place, cela peut être un responsable hiérarchique, un collègue, un ami ou un membre de sa famille.

Dans un premier temps, éliminez la mauvaise habitude de dire que c'est de la fautes des autres, les choses sont ainsi faites, on ne peut pas changer le passé, mais se focaliser sur un avenir meilleur, ensuite, viendra le degré d'engagement dans ce que vous voulez faire, êtes-vous suffisamment prêt à vous dépasser ? Êtes-vous prêt à rehausser votre valeur intérieure ?

Apprenez à devenir responsable ! En le devenant, par la même occasion, vous deviendrez indépendant, et comme j'aime à le rappeler, votre vie n'appartient qu'à vous, et il est de votre responsabilité de la construire sans se soucier de l'opinion des autres !

On devient responsable en apprenant à ne plus être dépendant des autres, du moins, atténuer la tendance d'avoir besoin de quelqu'un pour des choses qui sont à la porté de tous, c'est avoir cette capacité à prendre sur soi.

LA PERCEPTION EMOTIONNELLE

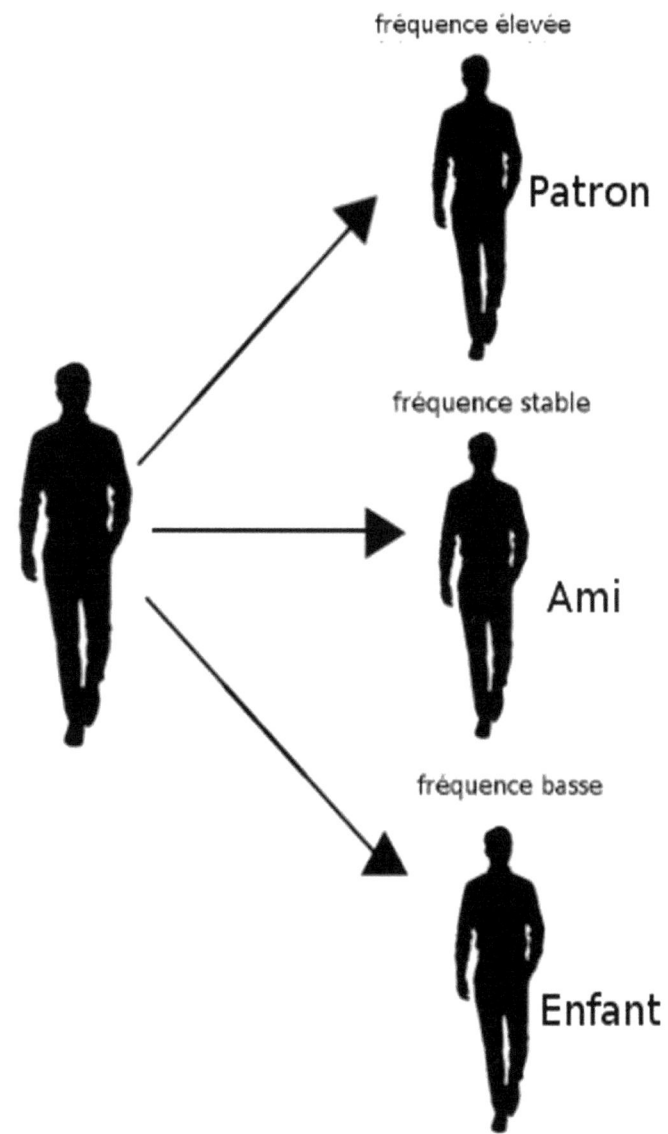

fréquence élevée

Patron

fréquence stable

Ami

fréquence basse

Enfant

Apprendre de ses erreurs

Dans la vie, nous commettons tous des erreurs, et nous ne pouvons être dans la constance de se dédouaner quand cela se produit, et de les reporter sur les autres, les événements ou l'environnement en général il ne s'agit pas de rester dessus, et de se remettre en question.

Une des manières d'évoluer et de tirer des leçons de ses erreurs, de prendre sur soi en devenant responsable et de vous dire que vous êtes toujours vivant, car rien n'est perdu, vous pouvez toujours rectifier.

Elles font partie des expériences de la vie et elles vous ont consolidé, et quelque part, vous êtes plus fort que ce que vous pensez !

Le tout est de ne pas rester bloqué dessus, mais d'avancer grâce à elles. Bien utilisées, les erreurs peuvent être vos meilleurs alliés, car elles vous donnent ce petit plus qu'ont tous les grands leaders…….l'expérience.

Thomas Edison en est un exemple parlant, il est d'ailleurs repris de nombreuses fois dans les sujets du développement personnel, vous le

verrez ou vous l'avez peut-être déjà re-
marqué !

Son invention, qui nous sert dans la vie de tous
les jours, c'est-à-dire, l'ampoule électrique,
nous apporte de la lumière, est née d'une suc-
cession d'échecs, mais au lieu d'abandonner, il
a continué encore et encore, se servant des leçons de ses erreurs jusqu'à l'obtention d'un résultat. Il lui a fallu 10000 tentatives avant d'y
arriver.

Il en a été de même pour tout ce qui constitue
le monde moderne, notamment dans l'aéronau-
tique par exemple, les ingénieurs ne se sont
pas braqués parce qu'il y a eu des crashs aériens, au contraire, ils ont sans cesse cherché à
apprendre comment rendre les avions plus
sûrs.

Les erreurs sont à prendre comme une leçon et
non comme une punition, et elles ne sont pas
une tare, mais une manière d'évoluer, retenez
bien ceci !

Les cercles sociaux

Notre monde regroupe plus de sept milliards d'individus, tous, nous sommes issus de milieux différents, qu'il soit professionnel ou social, Nous formons tous cet ensemble que nous appelons « La société humaine ».

Ces cercles représentent les différentes couches de la société humaine et chaque cercle inclut différents groupes culturels, sociaux ou professionnels.

Quelque part, dans ces cercles, il y a vous et moi, à différents niveaux.

Pour ce qui est du niveau du milieu, il s'agit de l'environnement moyen, celui ou évolue la majorité des individus, et pour passer d'un niveau à un autre, il faut disposer de deux qualités, la curiosité et la volonté.

Vous côtoyez le même entourage, faites les mêmes choses inlassablement tous les jours, trainez dans les mêmes endroits, mais vous arrive t il de sortir des sentiers battus ? Voir des individus ayant réussi leur vie ? Ce serait vraiment instructif pour vous, et cela signerait une évolution significative de votre vie, en clair, voir autre chose et élargir le champ de vos connaissances (à la fois culturelles et humaines).

Alors, je vous invite à faire la chose suivante :

Passez le palier supérieur ! Qu'est-ce que je veux dire par là ? C'est l'une des raisons pour laquelle vous n'évoluez pas, parce que vous faites inconsciemment la même choses tout le temps, et il serait temps que vous vous en rendiez compte !

En faisant quelque chose de différent, on se perfectionne petit à petit, nous menant au but souhaité, mais pour cela, il y a des conditions, des principes fondateurs qui fonctionnent dans votre environnement intérieur.

Quoi que vous fassiez, et si vous ne suivez pas tout ce qui vient d'être évoqué dans ce livre, vous retomberez inlassablement dans le même schéma, et comme je l'ai dit sur un autre chapitre, c'est belote, et rebelote, et rebelote, pourquoi ?

Inconsciemment, vous avez créé « votre monde » ! L'environnement dans lequel vous évoluez est une copie conforme de ce que vous êtes intérieurement. Mais ce n'est pas de votre faute, car vous avez agi en fonction des informations que vous avez reçues dès votre enfance, et en consolidant celles-ci en grandissant.

Vous êtes involontairement votre propre créateur.

Mes propos peuvent choquer, mais c'est la triste réalité, vous êtes entrainé à votre insu dans un processus qui doit malheureusement suivre son cours, vous ne pouvez pas effacer les étapes qui permettent de passer d'un environnement à un autre, il faut le laisser se terminer.

Ce qui explique pourquoi vous passer d'échecs en échecs dans vos projets, car vous êtes encore dans la spirale négative, et quoi que vous fassiez, même en lisant 100 livres sur le sujet que j'évoque, rien ne se passera dans votre existence ! Les factures seront toujours à payer, ceux à qui vous devez de l'argent ne vous en feront pas cadeau comme par magie, je m'appelle Yoann MERITZA et non David COPPERFIELD.

Je vous explique la marche à suivre, mais cela ne veut pas dire que rien ne se passera, c'est simplement que ce n'est pas le bon moment, vous êtes chargé négativement (je ne sais pas à quel niveau vous êtes exactement), mais si vous faites exactement ce que je vous ai dit dans ce livre, il y aura des changements qui vont se produire, non pas du jour au lendemain, mais progressivement en suivant un ligne directrice, un processus à respecter.

Cela viendra naturellement, et il ne sert à rien de se décourager, car ce que vous espérez est enclenché dans la spirale positive, mais aura un terme à un moment donné, car le cycle positif se terminera brièvement, ce qu'il faut faire, c'est répéter l'opération, peut-être même 10 000 fois comme Mr Edison l'a fait, prenez des claques, mais continuez quand même, le cercle positif grandira si vous avez au fond de vous énormément de détermination.

La première chose à faire est de rehausser l'estime de vous-même en vous disant que vous êtes supérieur à un chef, un patron ou un autre, non pas verbalement, mais au fond de vous, donnez-vous de la valeur, vous en êtes capable ! C'est cette capacité à changer sa perception, de se situer moralement !

La deuxième est de respecter son entourage, de leur donner de l'amour, là aussi, pas nécessairement verbalement, mais apprendre à apprécier tous ceux qui vous entourent! N'oubliez pas que votre entourage est votre reflet !

Arrêtez de critiquer, de juger ou de vous plaindre ! Que se passe t'il quand vous vous plaignez ? Vous recréez les mêmes circonstances à chaque fois, comme quand vous dites que vous n'avez pas de chance, l'univers vous répondra « effectivement ! Tu n'as pas de chance ! ». Ce que vous envoyez à l'univers vous sera rendu dans son équivalent matériel ou immatériel, ce qui empêche l'univers de vous offrir ce que vous désirez est que malgré vous, vous êtes encore dans un grand cercle vicieux et tant que vous ne l'atténuez pas en ayant des pensées positives en permanence, ce sera toujours le même schéma pour vous ! c'est-à-dire « échecs sur échecs ».

C'est pour cela que je vous dis de régler vos problèmes au début du livre, pour cette raison, et aussi pour ne plus à avoir à y repenser.

Ne cherchez plus les ennuis et voyez l'avenir d'un œil neuf, n'abandonnez pas vos projets, continuez, encore et encore, recommencez sans arrêt en ayant en permanence en tête que cela va se réaliser, laissez la magie s'opérer, et quand vous serez assez chargé positivement, des changements se produiront jusqu'à aboutissement de vos projets.

Bien sûr, selon la loi de la polarité, il y aura toujours un côté positif, et un autre négatif, et il y aura des problèmes, mais ils seront de moindre importance. Juste des soubresauts qui s'atténueront très vite.

CHAPITRE 7 :
LE DÉTACHEMENT

« Le mystère et la richesse du monde de la vie quotidienne sont inégalables. Et les conditions pour accéder aux merveilles de ce monde sont le détachement, mais également l'amour et le don de soi. »
(Carlos Castaneda)

Voici une petite histoire inspirante :

Paul invite ses amis à faire de la montgolfière.

Tout le monde monte à bord, ravis de faire un petit tour dans le ciel.

Au moment de décoller, Paul fait chauffer l'air dans le ballon pour qu'il puisse prendre son envol.

Seulement voilà, la montgolfière reste clouée au sol.

Alors, Paul demande à ses amis de lâcher du lest, mais elle ne décolle toujours pas !

Intrigué, il demande à ses amis de se libérer de leurs sacs pour alléger la charge.mais rien ne se passe !

Paul ne comprend pas ! Pourquoi la montgolfière ne décolle t elle pas ?

Afin d'alléger encore plus la nacelle, il demande à certains de ses passagers de descendre, mais il ne se passe toujours rien.

Le restant de ses amis commence à quitter la nacelle jusqu'à ce qu'il se retrouve seul dedans.

Puis Paul tente une dernière fois de faire décoller le ballon, plein gaz cette fois-ci, jusqu'à ce qu'il n'y ait plus de combustible.

Le ballon commence à se dégonfler sur Paul jusqu'à le recouvrir !

En essayant vainement de sortir de la nacelles, Paul trébuche sur une corde, celle qui retenait le ballon au sol.

La morale de cette histoire est que pour évoluer très haut, même en se libérant de quel-

ques poids et en mettant plein gaz, si nous ne nous détachons pas de nos croyances (la corde), nous risquons de perdre des amis, et en donnant le maximum dans ces circonstances, nous risquons de vider ses réserves.

Voici comment fonctionne la loi de l'attraction, tant que vous êtes attaché à vos croyances, vous ne décollerez pas et vous risquer de tout perdre !

Le cerveau est programmé pour répondre à certaines habitudes de la vie quotidienne, ne vous rendez-vous pas compte que vous répétez les mêmes choses inlassablement ?

Ce que vous vivez est ce que vous pensez, car les événements extérieurs vous amènent à une certaine forme de croyances, et cette dernière vous fait voir le monde extérieur d'une certaine manière.

En fait, tout tourne en boucle, comme bloqué dans ce même champ de valeurs sans rien voir ou entrevoir d'autre.

Votre esprit est dans sa forme très terre à terre, c'est-à-dire, à prendre en compte ce que vous avez appris comme vrai. Ce que vous renvoie l'univers, c'est une chose que vous aviez auparavant acceptée.

Le subconscient est doté d'un système de sécurité sous la forme de blocages issus de votre enfance.

Ce qui veut dire que pour ceux qui réussissent et qui voient le monde d'une certaine manière, cela semble cohérent pour eux, mais pas pour vous, cela vous semble absurde, incroyable, et pourtant, entre quelqu'un qui réussit et quelqu'un qui échoue, une chose reste identique, le monde dans lequel chacun vit, seul la façon de percevoir les choses changent.

Vous verrez tout ce que fait une personne qui réussit, elle ne se plaint jamais, ramène au positif chaque événement, et ne voit pas l'avenir sombre. Il est plein d'entrain et dès qu'il a un coup de faiblesse et de doutes, elle a cette capacité à se remettre en selle malgré tout.

Ceux qui réussissent n'ont aucune limite autres que celles qu'ils s'imposent, tout cela parce que leur fréquence est certes limitée, mais très haute.

Ruminer le passé et anticiper l'avenir

Notre condition humaine nous oblige à interpréter les événements externes à nos pensées.

Une chose est certaine, en tant qu'auteur, et je le sais très bien, car je devine, pour la plupart, une forme de lassitude à lire cet ouvrage. D'un côté, vous semblez captivé de connaître la suite, mais d'un autre, il y a une toute petite voix, à peine perceptible qui vous murmure « à quoi bon ? Ça ne marchera jamais ! ».

Au début, quand j'ai écrit mon tout premier livre, je me suis demandé pourquoi je faisais tout ceci ? Je me disais que c'était encore une de mes lubies, enfin bref, quelque chose au fond de moi me disait d'abandonner, que cela ne servait à rien !

Actuellement, j'en suis à mon troisième livre, je n'aurais même pas pensé il y a deux ans ou trois que je serais connu dans plus d'une vingtaine de pays avec mes livres, qu'ils seraient traduit en anglais et en espagnol, et pourtant, c'est le cas ! Il m'arrive encore de me surprendre !

163

Quels sont ces petits fragments de pensées qui sont dans votre tête ? Avez-vous des choses de votre quotidien qui vous rattrappent ?

Avez-vous une personne négative à côté de vous qui vous rappelle qu'il faut payer la facture de gaz ou qu'elle vous dit « arrête de perdre ton temps avec ce bouquin ! » ou encore « ta mère t'a appelé ! » ?

Repensez-vous à la journée d'hier ou à il y a quelques heures ?

Avez-vous des bribes de souvenirs qui remontent à la surface ?

Ou repensez-vous à votre entourage qui vous perçoit comme un perdant ?

Dans votre passé, vous avez eu des événements assez puissants pour avoir un impact sur votre psychisme. On s'est moqué de vous et poussé dans vos retranchements qui ont provoqué ce sentiment de mal-être, et comme je l'ai déjà dit, cela doit être un moteur et non un frein ! Apprenez à en tirer tous les avantages.

Il réside dans votre esprit deux courants de pensées, il y a d'une part, l'espoir d'une vie meilleure en me lisant, vous vous dites que vous trouverez la solution à tous vos problèmes (ce que j'essaie de vous apporter si vous y croyez!).

Et d'autre part, vous craignez que cela ne vous apporte rien de plus, ayant lu d'autres auteurs dans le même domaine que moi, mais dont les résultats sont restés minimes, voir nuls.

Tous les auteurs, et cela peu importe le domaine, proviennent de votre monde extérieur. Bien sûr, en tant qu'auteurs, nous vous aidons à trouver des solutions, bien sûr que tout ce qui est proposé fonctionne, cela dit, nous ne sommes pas des magiciens, mais il réside une grande magie en vous, et nous vous donnons les pistes pour parvenir à cette source magique.

Vous vous dites : « non, ce n'est pas ça ! » et je vous répondrais : « si, c'est exactement ça ! »

Vous êtes connecté à une toute petite forme de pensées, presque imperceptible que j'appellerais « la crainte latente ». C'est quelque chose de caché en vous, et inconsciemment, vous ne vous doutez pas de sa présence.

Cela arrive même à des voyageurs qui prennent l'avion assez souvent. Ils ne pensent pas aux crashs aériens, du moins, ils savent que c'est potentiellement possible. Je vous le dis, c'est imperceptible et se manifeste sous la forme d'une émotion.

Cela arrive également à des professionnels, tels des chefs d'entreprises réalisant un très bon chiffre d'affaires, mais ayant quelque part le souvenir d'un échec cuisant le mois dernier.

C'est comme repeindre en vert un mur rouge, vous pensez au vert, mais inconsciemment, vous songez au rouge, la dernière couleur ne servant qu'à camoufler la première.

Pour ne plus y songer, il faut gratter le mur, enlever tout le rouge, et repeindre en vert, ce qui sera la couche dominante dans votre esprit, c'est ce qui s'appelle « avoir une foi absolue ».

Ce qu'il se passe, que vous le vouliez ou non, vous êtes attaché à votre passé, et cela représente surtout les étapes de votre vie, par le

principe de la consolidation positive ou négative, une suite d'événement qui confirment certaines croyances et en infirment d'autres.

L'instant présent, l'estime de soi, le détachement et la focalisation positives sont les piliers
qui feront de vous un gagnant.

En même temps, vous êtes sûr de vous, et vous
avez la germe de cette crainte à l'intérieur de
vous ! C'est pour cela que je vous ai donné
certaines instructions au-début de ce livre.

L'une des craintes est de voir vos projets sabo-
tés par autrui. Suis-je dans le vrai ?

Qu'êtes-vous prêt à faire pour changer ? Êtes-
vous prêt à recommencer le lendemain ? Le
sur-lendemain ? Quel forme d'engagement
avez-vous par rapport à cela ?

Vous voulez tout ce qui proviendrait du se-
cond monde, tout en restant dans le premier,
prisonnier d'une réalité que vous ne voulez
pas.

Ne vivez pas dans deux sphères différentes,
vous n'attirerez rien à vous si vous ne lâchez

pas du lest, la montgolfière ne décollera pas du sol, sortez de votre zone de confort signifie sortir de sa routine, de ses habitudes, devenir plus responsable et non dépendant des autres.

Il est impossible, même, très confus de penser à deux choses à la fois, entre vouloir 1 million d'€uros et attendre son salaire, vous comprenez qu'il y a une forme de contradiction ? L'univers ne sait pas ce que vous voulez réellement, c'est comme aller au restaurant, et que le serveur attend que vous fassiez votre choix, et à trop hésiter, vous vous retrouvez avec une soupe.

Le détachement en cela est très important ! Lâchez prise sur ce que vous ne voulez plus ! Est-ce que vous voulez continuer d'attendre votre salaire en début de mois, Ou est ce que vous voulez gagner plus d'argent ? Quel montant ? Soyez précis !

Vous êtes comme la masse populaire qui attend sa paye, toujours dans le besoin d'argent, toujours à penser à son salaire. Vous espérez 1 million d'€uros et en même temps, vous attendez 1500€ (à supposer que ce soit votre salaire mensuel), et c'est là que je vous dis que c'est assez confus.

Regardez-vous souvent votre compte en banque pour vérifier si votre salaire est arrivé ? Ne le faites plus, car cela vous bloque dans le même schéma, celui dont vous ne voulez plus ! Celui qui vous empêche d'avancer ! Si tout va bien sur votre compte en banque, vous n'avez pas besoin de le regarder, et pour reprendre l'exemple de la montgolfière, il ne sert à rien de lâcher du lest si vous ne détachez pas la corde, et c'est là aussi un problème pour vous, vous êtes attaché à ce même schéma.

Normalement, en réglant ses dettes et en faisant attention à vos dépenses, vous n'êtes pas obligé de regarder constamment sur votre compte en banque, ceci aussi, est une attitude de perdant, toujours inquiet de savoir combien il reste, et ceci est en désaccord avec votre plus profond désire.

On ne peut se mettre en phase, c'est-à-dire, avoir le sentiment d'avoir déjà son plus profond désire, se dire que l'on est prospère alors que les événements extérieurs vous prouvent le contraire (appel de la banque ou courrier d'huissier par exemple).

Évitez les terrains minés, comme les achats compulsifs sur des sites frauduleux, évitez les dépenses sur des sites inconnus et n'allez que sur des sites ayant prouvé leur confiance, en vous posant cette question « pourquoi voulez-vous faire cet achat ? »

Évitez de prendre ce que vous n'avez pas réellement besoin au supermarché

Adoptez un régime de vie sain, mais je ne vous demande pas de vous priver de tout, un petit écart, cela peut arriver, mais il ne faut pas que cela soit excessif.

En vivant dans deux sphères, le monde réel et le monde dans lequel vous voulez vivre, comme je l'ai dit auparavant, vos pensées doivent rester authentiques, et cela tout le temps, même après avoir réussi, ne retombez plus dans le piège de la vie que vous aviez avant !

Regardez autour de vous !

Hormis les dettes que vous allez régler (comme suggéré plus haut), avec un peu de recul, qu'est ce qui cloche dans votre vie ? Rien ! Absolument rien !

TOUT
VA
BIEN !

Les seules limites sont celles que l'on s'impose !

Si par exemple, vous êtes joueur, chaque semaine, vous faites une petite grille du loto « pour le plaisir » dites-vous !

Mais inconsciemment réside l'espoir de gagner le gros lot (arrêtez de vous mentir !)

Alors je peux vous dire dès à présent que vous ne gagnerez jamais, ou du moins, que de petites sommes en cohérence avec votre PARADIGME.

Vous êtes programmé à perdre ! Triste réalité, mais c'est exactement ça !

Qu'il est beau de rêver au jackpot du loto, de s'offrir la vie espérée, loin des « soucis » et des « dettes » (j'appuie volontairement sur ces mots car rien que de l'évoquer, vous y pensez !).

Est-ce que cela veut dire que tout est peine perdue ? Non !

Pour gagner le jackpot (et non espérer), il faut avoir « LA FOI »

c'est un concept difficile à maitriser !

Pour vous aider à comprendre l'amplitude du problème, je vous invite à mettre votre salaire sur tous les jeux de hasard.

Voulez-vous comprendre à quel point vous aurez peur ? Vous n'oserez pas franchir le pas, car tout un système de pensées se met en marche en lien avec votre programmation, votre « PARADIGME ».

C'est exactement ce qu'il se passe à une échelle plus petite, la crainte de perdre sa mise « est belle et bien là !ancrée en vous ! », avec la possibilité de gagner de petites sommes en ayant en même temps l'envie de gagner des millions, vous comprenez un peu mieux ce qu'il se passe ? C'est assez confus à l'intérieur de vous, et vos idées ne sont pas très claires.

Vos expériences passées ont pris le pas dans votre vie, vous avez gratté des tickets de jeux ou coché des numéros, même en suivant l'horoscope, rien n'a changé, et c'est devenu une habitude récurrente dans votre subconscient. Si cela a toujours été ainsi, pourquoi cela changerait ?

Sans se poser trop de question, du pourquoi et du comment cela se produira (car cela se produira si vous avez « confiance »)

ayez « la foi »

Qu'est ce que la foi ? C'est d'avoir une confiance absolue (une « Confiance Illimitée » comme le titre du livre de Franck Nicolas), dans ce que l'on fait, sans s'inquiéter des conséquences.

Avoir la foi, ce n'est pas uniquement « je crois en ceci ou cela »

Avoir la foi, c'est faire le détachement du terre à terre, cette programmation du paradigme !

C'est l'air que vous respirez par exemple, sans vous poser la question du pourquoi vous le faites !vous avez foi en elle.

Vous devez apprendre avant tout à cultiver le positif en vous et autour de vous, et vous enthousiasmer de chaque événement afin de vous charger en énergie positive.

Ensuite, faire comme si tout ce que nous désirons était déjà à notre portée à la fois dans l'imagination et dans le ressenti.

L'argent que vous espérez existe dans un compte en banque dans votre esprit, vivez avec cette idée en tête, il deviendra réel si vous n'espérez pas ! Lâchez prise et gardez ceci dans un coin dans votre tête, vivez avec ce sentiment que tout ce que vous attendez, vous l'avez déjà !

Pensez à une magnifique maison comme si vous l'aviez déjà, cultivez le sentiment d'accomplissement et de fierté, elle est à vous ! Sachez que quelque part, elle est réelle !

Mais en aucun cas, vous ne devez donner un sentiment d'impatience et d'espérance, car il y aura contradiction entre vouloir quelque chose et l'avoir déjà.

Cultivez UNIQUEMENT le sentiment « d'avoir déjà » !

À partir de ce moment précis votre esprit sera en harmonie avec votre désir, vous vibrerez sur la bonne fréquence, à la condition cinae quanun de ne pas vous dire que vous faites ce-ci (tout ce que je vous ai expliqué) dans le but d'obtenir !

Juste y songer en cultivant l'intime conviction que vous l'avez déjà ! Juste ceci ! Entrainez-vous à ceci pendant plusieurs jours pour convaincre votre paradigme ! Un laps de temps nécessaire serait d'environs un mois pour intégrer ce nouveau programme !

Inspirez et expirez, puis apprenez à regarder et entendre le monde autrement, ne vous laissez pas déstabiliser par ce qu'il peut se produire dans le monde extérieur ! Détachez-vous de ceci !

Améliorez vos relations présente en ne pensant pas à l'avenir, profitez pleinement de l'instant présent, concentrez-vous uniquement sur ceci en ayant des pensées saines de bienveillance.

Tout ira bien si vous suivez scrupuleusement ce que j'ai déjà évoqué.

Ne prêtez plus attention aux critiques

Les personnes que vous rencontrez dans votre vie sont habitués à votre façon d'être et ils peuvent se dire que ce n'est pas possible autrement.

Quand notre environnement change, cela perturbe notre entourage, ne savant pas quelle réponse donner à ces changements, et finissent par s'adapter à notre façon d'être, en donnant une réponse destructrice à ce que nous sommes, nous poussant dans des retranchements difficiles à surmonter. Il s'agit essentiellement de personnes jalouses, incapables de s'assumer, et ils se sentent misérables face à quelqu'un qu'ils considéraient comme faible.

Ceux qui critiquent sont ceux qui n'ont même pas essayé, et n'admette pas que vous puissiez les dépasser, alors qu'eux, restent dans leur zone de confort, toujours à vivre dans l'envie et la critique.

L'évolution de votre vie sera perçue comme une blague par des personnes mal intentionnées, comment quelqu'un d'aussi nul ose t'il vouloir nous dépasser ?

Petite histoire personnelle qui m'a permis de transformer mes faiblesses en forces, ce qui m'a donné de l'inspiration, les critiques sont un très bon outil :

Quand moi, même j'ai pris l'initiative d'écrire des livres sur le sujet du développement personnel, je savais pertinemment que je serais sujet à des critiques les plus acerbes, mais d'un autre côté, si je n'opérais pas de changement, rien n'évoluerait dans mon existence. J'ai pris des risques, mais si on ne le fait pas, qui le fera pour nous ?

Les critiques proviennent essentiellement de votre cercle social. Pour cela, gardez-vous d'étaler votre ou vos projets au grand jour, et commencez à vous orienter vers des personnes réussi sur le plan social, comme les dirigeants et les commerçants, vous verrez que vous serez encouragés, en revanche, si vous dévoilez vos intentions directement à ceux que vous côtoyez, issu d'un milieu modeste, (et là, je ne parle pas de la famille qui vous soutiendra si elle l'apprenait), ils trouveront ceci ridicule et se moqueront de vous avant même d'atteindre la première once de succès.

En clair, bâtissez votre avenir sans vous soucier des autres, et entourez-vous des bonnes personnes

Laissez le succès venir à vous, et il viendra si vous y croyez suffisamment.

Si le succès est au rendez-vous, ceux qui vous critiquaient vous jalouseront, mais aussi, avec le temps, cette jalousie fera partie du passé si vous savez y mettre les formes, et se transformera en fierté de vous connaître, car tout le monde suivra votre modèle.

Ce qui était une crainte se transformera en enthousiasme, et d'un autre côté, ayant eu droit à des critiques (comme tous ceux qui ont réussi connaissent), j'ai fini par les accepter.

Et j'irai plus loin en disant que ce sont justement les critiques qui m'ont permis de me
faire connaître, ce qui est assez paradoxal.

La conclusion à tout ceci est qu'il faut se fier à
son instinct, et recevoir les bonnes ou mauvaises opinions des autres, car les deux sont importants.

Que vous soyez connu en bien ou en mal, vous
êtes connu quand même, et comme moi, vous
serez connu dans plus d'une vingtaine de pays
dans le monde (même au-delà).

La critique est utile, cela permet à certains
sceptiques, aiguisés de curiosité, de se faire
leur propre opinion, pour ainsi dire « vendre »

Toutes les opinions font vendre, ne l'oubliez
pas !

C'est pour cela que lors de mes deux premiers
ouvrages, je vous ai dit de transformer vos faiblesses en forces, et cela, au moment où vous
y repensez, il est utile de noter tout ce dont
vous vous souvenez, afin d'analyser quel type
de comportement vous avez eu à ce moment

précis, puis de réinterpréter cet événement dont vous vous rappelez.

Laissez-moi vous poser quelques questions :

Ces personnes qui vous faisaient souffrir dans le passé, est ce que vous les avez revu récemment ?

Si oui, leur vie est-elle meilleure que la vôtre ?

Pourquoi ont-ils agi d'une certaine manière avec vous, et pas d'une autre ? Par besoin d'appartenance ? Pour refouler un mal être sur vous ?

Ceci approfondit considérablement ce que vous êtes, votre passé avec certains individus qui vous ont été nuisibles, dû à des croyances inculquées par vos parents ou proches, ou tout simplement des événements qui ont eus un impact cognitif associé à un sentiment, qui vous ont donné des informations sur la manière de vous comporter en bien ou en mal, et ceci est resté gravé dans votre esprit et amplifié par des événements de même nature.

La peur des autres a été destructrice pour vous, et a eu un impact direct sur vos relations tant amoureuses que professionnelles.

La théorie de Yomer

Il y a quelque temps de cela, j'ai écrit un livre intitulé « Comment reprogrammer son subconscient ? » ou j'évoquais la théorie de la balle de Ping-pong, ou autrement appelé en développement personnel « La théorie de Yomer ».

Pour vous résumer sans trop en parler, imaginez un verre d'eau qui représente votre univers, l'eau symbolise un environnement pauvre, celui dans lequel la plupart des gens évoluent, et l'air un environnement riche que nombreux aimerait atteindre

La balle de Ping-pong représente votre monde intérieur, il vous donne une perception de l'univers selon ce que vous avez appris, vécu ou ressenti.

Cette balle de Ping-pong comporte plusieurs couches internes, représentant tous les aspects de votre vie.

Si tous les aspects sont remplis d'eau, ce qui représente la pauvreté, la balle restera au fond du verre, dans un environnement d'eau, et inversement s'ils sont remplis d'air (environnement riche ou objectif à atteindre).

Le noyau représente le paradigme, il s'agit de tout ce que vous avez enregistré comme informations dès les premiers jours de votre existence. Vos jugements de valeurs et vos sentiments liés en font partie. Il s'agit de la première neuro-associabilité (ou matrice), ou toutes les nouvelles informations viendront s'y ajouter, elles grandiront comme les racines d'un arbre dans votre cerveau.

Un autre auteur spécialisé dans le domaine du développement personnel du nom de James Hilman, a écrit un livre intitulé « le code secret de votre destin » ou il explique les principes de « l'Aken » (autrement dit « le noyau »), la source qui a provoqué une suite d'événements nous emmenant là où nous en sommes

Ce qu'il se produit dans le monde extérieur impacte sur votre état d'esprit, gardez pour vous une forme d'espace vital !

Apprenez à être comme la balle de ping pong, avec une coque imperméable, l'eau ne peut s'y infiltrer, vous avez l'état d'esprit d'un gagnant, ce qui fait de vous un perdant, c'est votre perméabilité, en laissant s'infiltrer les sentiments négatifs et les événements de l'extérieur. Il est impossible de modifier votre condition si vous pensez à deux choses en même temps.

C'est comme si la vie nous mettait à l'épreuve quand nous prêtons trop d'attentions au monde extérieur. Pour vous, il est essentiel de vous recentrer et d'être imperméable, vous ne pouvez pas occulter le problème, mais il ne faut pas le prendre comme telle, cherchez plutôt les solutions, et voyez l'avenir avec progrès et défis.

Théorie de la balle de Ping-Pong

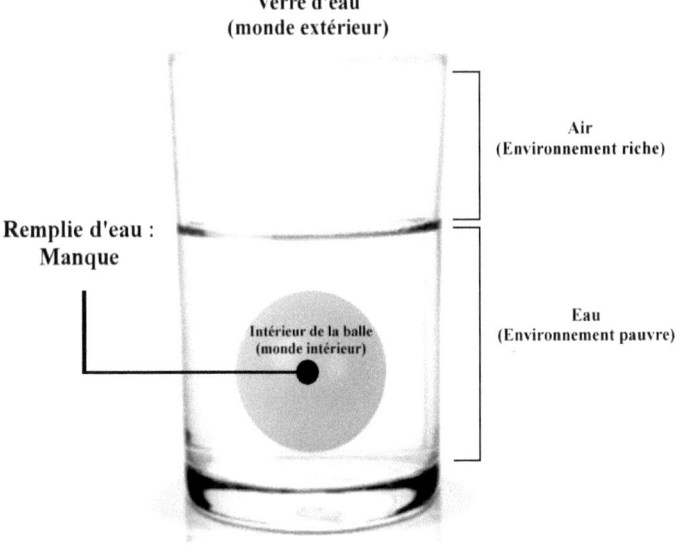

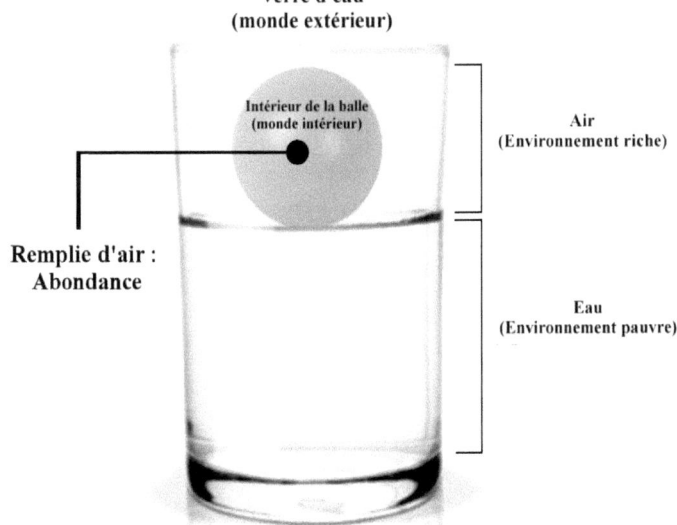

La jonction des deux mondes

À l'intérieur de notre être se trouvent deux environnements, l'un se situe dans la perception du monde extérieur selon l'interprétation que vous en faites d'après votre ancien schéma, présentant des croyances limitantes liées au paradigme, et il y a l'autre qui fait partie de votre imaginaire, c'est ce qui permet le processus de création, de donner une forme avec vos mains pour dévoiler notre côté artistique.

Actuellement, vous êtes entre les deux, d'un côté, vous avez tous les aspects terre à terre de ce que vous percevez avec votre conscience, il s'agit de votre réalité, c'est le monde dans lequel vous vivez, ou du moins, l'interprétation que vous en avez.

Et puis il y a votre imagination qui vous permet de créer un univers édulcoré avec des petits lutins dans un pays merveilleux. L'imaginaire nous permet de devenir qui nous voulons, une personne prospère, aimée de tous, qui ne se soucie de rien.

Nous sommes, en grande partie, responsables de notre réalité, que ce soit au niveau des personnes que nous rencontrons qu'aux circonstances malheureuses de notre vie.

Rappelez-vous au début du livre, je vous ai demandé de régler vos problèmes afin de faciliter le pouvoir attractif qui est en vous, car selon votre manière de penser, tout ce qui arrive est le produit de votre esprit, qui a créé un magnétisme entre ce que vous ne voulez pas et vous-même.

Dans toutes circonstances et à tous moments, nous envoyons des signaux à l'univers, créant ainsi l'osmose des fréquences convergentes (je ne sais pas si je suis bien clair !).

Afin de créer les conditions optimales pour que la loi de l'attraction fonctionne, c'est de régler dans un premier temps vos problèmes actuels, il s'agit de votre contribution, et cela permettra d'avoir l'esprit au clair pour changer le cap de vos pensées, car c'est de cela dont il s'agit.

Tout d'abord, vous allez vous imaginer le monde qui serait un idéal pour vous, si vous voulez une voiture de sport, une très grande maison, de l'argent, et tout ce que vous désirez ! N'oubliez pas de préciser quels types de relations vous voulez, et comment vous percevez votre entourage dans cet idéal.

Gardez ce petit monde dans un coin de votre tête, il servira pour ce qui va suivre.

Ensuite, en position debout, vous allez dessiner un grand cercle avec vos mains, en partant du haut vers le bas. Là, vous avez dessiné les contours de votre monde dans la réalité du monde extérieur.

Dans ce cercle, avec votre main (gauche ou droite), vous allez faire comme si vous preniez un élément de votre idéal (faites le geste avec la main en faisant comme si vous le preniez dans votre tête), pour le jeter dans « votre monde », puis vous allez songer à une nouvelle réalité, avec cet idéal incorporé. Puis vous allez vous convaincre que cela fait réellement partie du monde extérieur.

Inspirez puis expirez en vous convaincant de cette nouvelle réalité.

Le monde extérieur, c'est vous qui l'avez créé, votre nouveau « monde », vous le créez également suivant le même processus.

L'univers est infini, il n'y a aucune limite dans le monde extérieur, puisque vous êtes « le créateur » de celui-ci. Il est impératif de se convaincre de cela.

Faites de même avec les autres éléments de votre idéal, jetez les dans « votre monde », puis vous allez vous concentrez sur celui-ci, essayez de vous convaincre que cela fait partie de votre monde extérieur.

Ensuite, vous allez vous avancer tout près de ce cercle, respirez l'air de l'autre côté, ressentez les émotions qu'il en émane, imprégnez-vous de votre idéal, « votre monde » planté en plein milieu de la réalité du monde extérieur, puis vous allez faire comme si vous rentriez dans une porte, vous êtes à l'embrasure de celles-ci, respirez et ressentez encore, c'est vous qui créez tout cela, et grâce à votre esprit. Vous rentrez dans votre idéal qui devient votre réalité, tout autour de vous, sans que vous la voyez est en train de se transformer.

Ce que je viens de décrire doit maintenant faire partie de vous, secouez-vous la tête ou passez-la sous l'eau, il s'agit bien de votre réalité, je sais bien que pour l'instant, il ressemble trait pour trait à l'ancien schéma de votre vie, mais si vous continuez à le percevoir ainsi, dans la mesure ou vous gardez ceci au fond de vous, ne le dites à personne pour l'instant, laissez les choses se transformer petit à petit, gardez les mêmes nouvelles croyances, et je vous assure qu'elles se réaliseront, il faut compter une période entre 30 et 90 jours suivant les individus pour voir des métamorphoses du monde extérieur.

Cela a été votre création depuis la naissance, c'est votre création, et cela le sera encore et toujours, il n'y aura que les circonstances qui auront changé, une inversion des polarités de votre existence.

Aussi, pour rester dans ce réalisme de votre idéal, ayez une perception en 3 dimensions, entre ce que vous pensez des autres et ce que les autres pensent de vous, et ce que vous pensez de vous-même, de comment vous vous sentez perçu. Ressentez-vous comme quelqu'un de différent et tout autour de vous le sera, si vous

vous concentrez sur ça pendant un petit moment, vous serez à la longue convaincu sans pour autant lutter pour tenter de vous convaincre.

Comme je l'ai dit, il y a une véritable magie en vous, et la fréquence que vous émettrez sera en osmose avec celle de vos désirs dans l'univers.

Si vous avez bien compris, vous allez ramener votre imaginaire dans votre réalité, et ressentir ceci comme vrai, et cela se matérialisera si vous suivez à la lettre ce que je vous ai dit.

Ce que vous pensez fait partie intégrante de votre réalité

Ancienne réalité

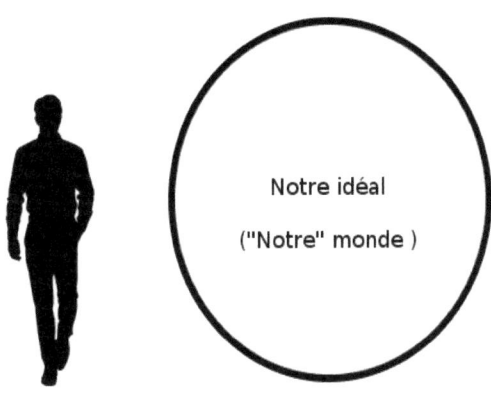

Notre idéal

("Notre" monde)

Intégration dans notre nouvelle réalité

Monde réel
(Conscient)

Imaginaire
(Inconscient)

Neuro-association

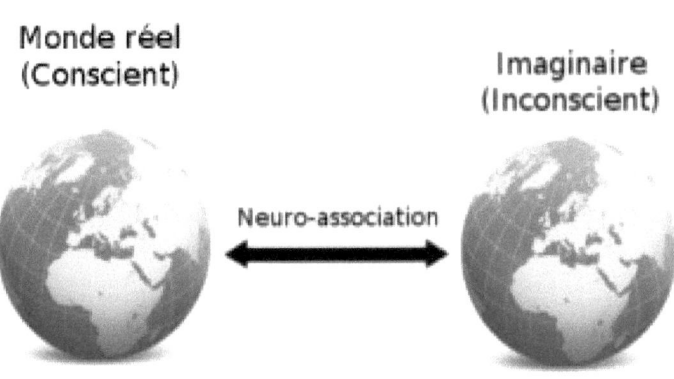

Convergence des deux mondes

Gestation de la nouvelle réalité
(durée entre 30 et 90 jours)

PARTIE II :
MISE EN PRATIQUE

CHAPITRE 8 : CONSEILS POUR QUE LA LOI DE L'ATTRACTION FONCTIONNE

« Quoi qu'il arrive, gardez toujours l'esprit au-dessus de la ligne ! »
(Yoann MERITZA)

Nous allons aborder une phase très importante consacrée à la loi de l'attraction. Mais avant de vous en parler, prenez le ferme engagement en vous de vous y tenir.

Attention ! Pour ce qui va suivre, je vous demanderais la plus grande attention. Ce que je vais vous confier vous amènera vers tout ce que vous désirez si vous restez concentré.

Tout au long de ce livre, je vous ai transmis toutes mes connaissances dans le domaine de la loi de l'attraction, cette partie vous offre toutes les méthodes pour provoquer les événements qui changeront votre vie.

J'aimerais que la personne que vous deviendrez soit mieux préparé à un meilleur avenir et que vous soyez surpris de tous les progrès que vous puissiez faire. L'année d'après n'aura plus rien de comparable, car vous aurez atteint un niveau au-dessus. Au fond de vous, réside un trésor caché, et à chaque changement de votre vie, vous creusez un peu plus vers la découverte de vos capacité, car pour moi, vous en êtes capable ! Vous pourrez vous le prouver, en changeant des habitudes, vous deviendrez une autre personne, un être amélioré capable de se prouver qu'il peut toujours atteindre un cran au-dessus (au-dessus de la ligne).

La méthode que je vous propose consiste à passer plusieurs paliers de notre existence avant d'atteindre la plénitude, celle-ci peut prendre plusieurs formes, je vais décortiquer avec vous un à un, tous les paliers vous approchent progressivement de vos objectifs.

Il s'agit de changer une habitude à la fois, de bien l'ancrer avant de passer à la suivante. Quand celle-ci sera bien entrée dans votre quotidien, vous aurez passé le niveau supérieur.

Comment procéder ? Je vais vous donner une liste de tâches à effectuer, chacune d'elles devant durer au moins un mois, puis, avec cette nouvelle habitude, en combiner une autre.

1) Réglez vos problèmes afin de ne plus y repenser, et ne dépensez plus en superflue :

Je sais qu'en un mois tout ne sera pas résolu, mais que vous soyez en phase de le faire ! Durant cette période, vous allez chercher toutes les solutions possibles pour rembourser toutes vos dettes. Tant que ceci ne sera pas réglé, vous allez y repenser constamment.

Ne plus chercher les problèmes, ils proviennent essentiellement du manque, et dans l'attractivité, cela est synonyme d'échec.

Il vaut mieux avoir que de vouloir, faites la liste de tout ce que vous avez, la santé, un travail, un toit sur la tête…

Arrêtez de vivre constamment dans le schéma de besoin ! Vous avez des choses chez vous que vous aimeriez remplacer, car certaines ne vous plaisent plus, ou que cela devient obsolète.

Ce qu'il se produit, quand vous avez envie de changer un meuble ou le téléviseur, même en visualisant ces objets, votre paradigme vous rattrape et vous murmure « oui, mais avec quel argent vas-tu te payer ceci ? » ou encore « comment comptes-tu y arriver ? » Ce n'est pas évident de tout vouloir avec à l'esprit une épée de Damoclès, dans ces conditions, il est peu probable de produire de réels changement avec à l'esprit la possibilité de la visite d'un huissier ou un recommandé de la Banque. Comprenez bien que si vous songez à la prospérité en même temps que vous pensez à vos dettes, il y a une forme d'incompatibilité entre ces deux formes de pensées.

Vous avez en vous un petit verrou mental qui vous remet les pieds sur terre, dans cette réalité façonnée par le paradigme.

C'est une chose irrésolue dans votre esprit, et les événements de la vie courante vous y font repenser, que ce soit des problèmes familiaux, au niveau de votre entourage, votre environnement ou autres

Même si vous adoptez l'attitude de ne voir que le positif, c'est comme si vous faisiez confiance en la route, droit devant vous, tout en ayant la crainte d'une crevaison ou d'une panne moteur.

2) Lire deux livres par mois

Vous allez prendre l'habitude de lire des livres, ne serait ce que quelques pages par jour (une vingtaine, c'est déjà pas mal), consacrez un moment de votre journée, au moins une heure à cela, c'est possible sur 24 h, je l'ai toujours dit et je le dirai toujours, la culture vous servira tout le temps, et pour moi, il y a une véritable magie dans la lecture, car elle change radicalement votre état d'esprit, vous donnant le sentiment d'être supérieur, en éliminant les doutes sur des sujets philosophiques par exemple !

La culture rapproche les gens, et vous serez amené à rencontrer des personnes qui seront les acteurs de votre vie future (elles-mêmes cultivées), vous entraînant dans un nouveau schéma social. Et concrètement, même si vous avez des amis de longue date, que vous apportent-t-ils réellement ? Ont-ils évolué, sont-ils riches ? Ou est ce qu'ils stagnent dans leurs difficultés ? Cela peut être cru ce que je prétends, mais ce ne sont pas les personnes que vous rencontrez dans votre quotidien qui modifieront votre condition sociale, car vous faites partie d'un même schéma, Alors que si vous vous mettez à la lecture et que vous allez dans les bibliothèques, vous rencontrerez des personnes plus intéressantes, et cela va modifier vos liens sociaux.

Rien ne vous oblige à ne lire que des livres sur le développement personnel, vous pouvez varier en lisant d'autres sujets, comme la philosophie, Kant, Nietzsche, Platon, Confucius, ou vous pouvez vous améliorer en anglais, en français, en maths, ou en histoire. Le tout n'est pas de chercher à comprendre à tout prix ce qu'il y a dans ces ouvrages, mais d'opérer un processus de répétitions en lisant plusieurs livres d'un même thème, vous verrez, il y aura une impression de déjà-vu, car inconsciemment, vous en aurez retenu une partie, et cette phase de répétition comble le reste.

C'est comme voir une statue dans un musée, la voir de face, c'est bien, mais il suffit de changer d'angle de vue, en regardant sur les côtés, derrière, bref, sur toutes ses coutures pour voir l'oeuvre intégrale avec précision dans votre esprit.

Vos connaissances grandiront et votre confiance aussi, cela améliorera vos croyances. Plus vous prendrez l'habitude de lire quotidiennement, et plus vous en serez avide de connaissances.

Forcez-vous à le faire ! Même si je sais que pour certain d'entre vous, il est barbant de lire, voyant le nombre de pages ou le contenu de celles-ci.

Et pourtant, vous lisez le mien, en quoi est ce différent ? Le sujet que j'emploie passionne, mais il ne faut pas se cantonner à celui-ci, le monde de la culture est très vastes, alors, sortez des sentiers battus !

En lisant petit bout par petit bout (20 à 30 pages par jour), au fur et à mesure, vous ne penserez même plus au nombre de pages tellement vous serez absorbés, et aussi, vous ne penserez même plus à vos problèmes, cela deviendra une habitude quotidienne, et je dirais mieux que ça, cela deviendra un plaisir, cela vous en apportera énormément, d'autant plus que vous chargerez vos énergies positivement (à la condition de ne pas lire des romans dit « noirs »).

Vos sens seront en éveil et vous ressentirez chaque mot en vous.

Si je peux vous recommander quelque chose, insistez fortement pendant le premier mois, cela laissera le temps à votre esprit de s'habituer à ce changement de rythme au quotidien, très peu en clin avec cette habitude.

En complément de ceci, vous avez aussi des chaines de télévisions qui vous propose des programmes scientifiques et culturels, même si celles-ci ne vous intéressent pas, essayez de regarder au moins une émission, juste pour éveiller votre curiosité, sur la construction des barrages par les castors, est ce que quelqu'un sait comment sont réellement faites leurs constructions ?

Je vous propose de faire le test suivant :

Écrivez une phrase sur un bout de papier !

Notez ce que vous voulez, ce qui vous vient à l'esprit.

Pliez-le en 4, et mettez ce bout de papier dans un endroit secret, et surtout, jouez le jeu !

Ne le lisez pas pendant une période d'un an.

Commencez votre lecture de livres tranquillement durant cette période et ensuite, ressortez votre bout de papier sur lequel vous avez noté la phrase de votre choix !

Vous trouvez ce que vous avez noté est absurde ? C'est normal ! Vous avez évolué !

Une des manières de se rendre compte du chemin parcouru, vous pouvez être fier de vous, votre esprit a grandi!

Mas je ne dis pas de vous arrêter à ceci au bout d'un an, vous pouvez continuer durant toute votre vie, en un an, vous aurez lu 24 livres, et bien plus après, je l'espère pour vous.

3) Ne plus voir son avenir sombre

Il faut cultiver le fait de vivre dans l'instant présent et se concentrer vers le positif. Comme je l'ai dit plus haut dans ce livre, n'oubliez pas que vous êtes le créateur de votre destinée, et ce que vous pensez détermine ce que vous êtes ! L'univers répond toujours à l'effective de vos pensées, et vos pensées sont consolidées par ce que vous renvoie l'univers, c'est-à-dire, ce que vous lui avez envoyé. Dit comme ça, je comprends que ça ai l'air compliqué, mais laissez-moi développer !

Ce qu'il se passe, c'est une forme d'osmose entre votre manière de penser et l'univers, tout est en équilibre constant depuis votre naissance jusqu'à maintenant, la manière dont vous percevez les choses est exactement telle que vous l'avez suggéré volontairement ou non, et aussi, vous serez toujours en proie à ce cercle vicieux si vous ne changez pas votre perception des choses ! Ce sera belote, rebelote, et rerebelote !

Par exemple, si vous n'avez jamais eu de chance dans la vie, c'est ce que vous vous dites au fond de vous, c'est une croyance qui existait déjà depuis très longtemps dans votre esprit, et vous vous dites « pourquoi ce serait autrement ? ».

Cette conviction profonde renvoie un signal à l'univers et vous répond de manière effective, et en équilibre avec ce type de pensées.

Essayez de penser autrement en vous disant que vous avez de la chance, ressentez ce que vous pensez et essayez de vous en convaincre afin d'affaiblir ce cercle vicieux qui restera bien présent un petit moment ! Les circonstances extérieures sont ce qu'elles sont, vous ne pourrez pas les changer en un claquement de doigt, tout fait partie d'un processus plus ou moins long, mais vous pouvez vous percevoir autrement, comme quelqu'un qui attire la chance.

Ayez l'idée constante que tout se passe bien ! Répétez le en vous mentalement et verbalement en murmurant « tout se passe bien ! », dans l'instant présent, concentrez-vous uniquement sur ça. Surtout si vous avez suivi mes recommandations et que vous avez réglé vos dettes (ou sur le point d'être résolues), et que vous soignez vos fréquentations. Quelles sont les raisons qui vous pousseraient à y repenser ? Rien ! Puisque tout va bien et que tout devrait bien se passer.

Aussi, évitez de trop regarder des médias comme BFMTV avec ce qu'il se passe actuellement à Paris avec les gilets jaunes ou des journaux parlant de catastrophes, rien ne vous empêche de vous tenir informé, mais pas sur le long terme, cela influence votre moral et voyez tout en noir si vous vous sentez impliqué, il vaut mieux regarder ceci avec beaucoup de recul et se dire que les choses vont s'améliorer pour vous.

Ne plus s'inquiéter des lendemain et les voir différemment, en répétant la phrase magique, chaque jour dans votre tête au moins dix fois par jour au réveil « Aujourd'hui est une bonne journée, la meilleure de toute et demain, elle sera de mieux en mieux ! », puis le soir, avant de vous coucher, éprouvez de la gratitude pour cette journée, et cela, qu'elle qu'en soit l'issue. Comment ? En remerciant l'univers des leçons que vous avez apprises, car il n'y a aucunement des choses négatives, il s'agit juste d'indices que l'univers vous donne afin de rectifier certaines situations. Ce ne sont principalement que des soubresauts de votre ancien schéma qui devront s'atténuer avec le temps, vous avez l'occasion de les rectifier. Ne tombez pas dans le piège de cet ancien schéma (celui que vous ne voulez plus). Faites confiance à l'univers, il est là pour vous aider, même si les circonstances montrent le contraire.

4) Arrêtez de vous plaindre

Appréciez déjà tout ce que vous avez, soyez heureux et reconnaissant de ce que la vie vous offre.

Apprenez à être reconnaissant envers la vie elle-même, car malgré tout ce qui arrive, on omet souvent l'essentiel, le pouvoir d'interaction avec le monde extérieur, chose que l'on ne peut pas faire une fois mort.

Tant qu'il y a de la vie, il y a de l'espoir, et ceux qui se plaignent de leurs malheurs devraient un peu plus prendre exemple sur l'éminent docteur Hawking, qui était un très grand scientifique, et cela, malgré son handicap.

Le corps est la manifestation physique de l'esprit et quand vous comprenez ceci, toutes les possibilités vous sont ouvertes !

Soyez déjà reconnaissant de ce que vous avez déjà, vous ne manquez de rien, apprenez à bien vivre dans l'instant présent, avec sérénité, afin d'obtenir plus de l'univers !l'instant présent est « LA » clé essentielle qui vous ouvrira les portes de la réussite ;

Si vous n'aimez pas ce que vous avez, comment pourrez-vous aimer ce que vous aurez ?

Aussi, les mots comme les pensées ont un pouvoir sur les circonstances de votre existence, cela veut dire qu'à chaque fois que vous vous plaignez, vous envoyez à l'univers un signal associé à une émotion.

Par exemple, se dire que l'on n'a pas de chance risque justement de créer les conditions pour lesquelles vous n'en avez pas !

Il en va de même pour ceux qui se disent que les hommes sont comme ci, ou les femmes sont comme ça, si ils ont des à-prioris sur certaines personnes, ils ne s'étonneront pas de se retrouver seuls.

Il en va de même pour ceux qui se plaignent des riches, alors qu'ils ont le désir profond d'en devenir un, n'oubliez pas, l'univers est un gigantesque miroir.

Donc, arrêtez de vous plaindre ! Aimez les personnes autour de vous ! Qu'elles soient riches ou pauvres, n'oubliez pas que ce sont les reflets de vous-même !

5) Souhaitez le meilleur pour votre entourage

Aussi curieux que cela puisse paraître, même si les rapports sont tendus avec ceux de votre entourage, je vous demanderais de ne plus les juger et de leur souhaiter le meilleur (même s'ils l'ont déjà, et qu'ils sont à un meilleur niveau que vous).

Plus vous souhaiter voir les autres s'élever, et plus vous vous élèverez à votre tour, et qui plus est, si vous souhaitez que les choses s'améliorent pour eux, cela veut dire aussi qu'ils ne vous demanderont plus rien. Ils seront contents de ce qu'ils ont et ne vous solliciteront plus pour des aides ou autres. Peut-être même qu'ils vous aideront à vous élever, mais je ne garantis rien là-dessus !

À votre chef de service, souhaitez lui une promotion, à votre patron, que ses affaires fonctionnent, et si cela tourne bien pour eux, il en va de même pour vous, car une entreprise qui tourne mal est synonyme de licenciement quelque part. Ne souhaitez pas que le bateau coule alors que vous êtes à bord ! Utilisez votre coeur et soyez authentique avec ce que vous souhaitez !

Dans l'univers, il vaut mieux être le deuxième de cordée que le premier, il y a des personnes capables de vous hisser vers le haut, plutôt que de grimper seul sur une montagne de difficultés.

Pour résumer, ce que vous ferez pour les autres, vous le ferez pour vous-même.

Dans la vie de tous les jours, nous rencontrons toutes sortes d'individus, les uns nous aident à progresser, tels les professeurs des écoles, et les autres nous apprennent (volontairement ou non) à régresser, soit en pensant bien faire ou par manque de confiance (ce deuxième cas s'applique généralement aux narcissiques).

Pour ceux qui nous font régresser, cela se passe sous la forme de critiques, toujours à jalouser le succès d'autrui ou de rabaisser les plus faibles d'esprit, vous êtes alors en prise à des êtres dit « toxiques », qui sont très doués pour nous miner le moral sitôt que nous prêtons attention à leurs remarques désobligeantes. De ce fait, en entrant dans leur jeu, ils ont un pouvoir sur nous et nous empêchent d'évoluer, ce sont des personnes qui ont une faible estime d'eux même, et ont toujours ce besoin de rechercher chez les autres une forme de pouvoir de soumission.

Aussi, il est important, si vous entamez un travail de transformation de votre esprit, d'éviter le contact de ce type d'individus et de les ignorer.

Même si les propos peuvent vous atteindre, dites-vous que c'est le but recherché par les auteurs de ceux-ci, apprenez à les ignorer et à vous faire confiance !

Si vous estimez être capable de faire plus que les autres peuvent prétendre, c'est que vous l'êtes vraiment.

6) Ne plus juger, ne plus critiquer, ne plus insulter

«L'homme est un animal pour l'homme!» comme dirait une célèbre citation.

Vous allez changer les rapports que vous avez avec votre monde extérieur. Je sais bien qu'au début, ce ne sera pas facile, mais il faut se battre avec ses anciens démons intérieurs. Dale Carnegie le préconise dans son livre « Comment se faire des amis ».

Comme je l'ai déjà évoqué, c'est vous qui construisez votre monde extérieur à partir de votre monde intérieur, il s'agit du phénomène de synchronicité, et vous le faites encore actuellement, ce que vous vivez au quotidien est toujours en phase avec l'univers.

Quand vous êtes trop centré sur vous-même, votre environnement vous envoie le même signal. C'est-à-dire que vous rencontrez des personnes trop centrées sur elles-mêmes et vous n'attirerez que ça, en clair, on ne s'intéressera pas à vous, aussi choquant que cela puisse être dit.

Faites très attention sur ce point, vous risquez de produire des concordances avec votre ancien schéma, c'est-à-dire que maintenant que je vous ai dit ça, vous allez vous dire « Chouette ! C'est fastoche ! ». En fait, s'il y a un point que l'univers aime bien et par-dessus tout, c'est l'authenticité.

« Ne jouez pas le jeu pour jouer le jeu ! », parce que derrière la volonté de s'intéresser aux autres, si vous le faites pour améliorer votre petite personne, cela ne fonctionnera pas ! Pourquoi ? Vous êtes encore dans un schéma d'égo, ne le faites pas parce que je vous le dis, mais uniquement si vous savez faire preuve de « SINCERITE ».

Mettez-vous à la place de votre entourage ! Aimeriez-vous être jugé, critiqué ou insulté ? Inconsciemment, même si certains prétendent que non, vous le faites ! (je vous assure que oui!)

Si vous y mettez votre coeur ; que vous apprenez à comprendre les gens, vous y découvrirez le pourquoi ils sont comme ça !

Je ne vous demande pas de céder à leurs demande de les aider en cas de coup dur, juste de comprendre et de les apprécier malgré leurs défauts.

l'univers est composé de deux mondes, l'un est interne à chacun des êtres vivants, et l'autre externe, ces deux mondes fonctionnent selon la même résonance.

Tout d'abord, le temps, vous avez le pouvoir de contrôler le passé, le présent et le futur. En reconsidérant tous les sentiments liés à l'enfance ? L'apprentissage que vous avez eu de la vie. Vos propres expériences et le sens que vous leur avez donné.

Ensuite, en espace, car vous faites partie d'un tout, le monde intérieur et extérieur communiquent entre eux sur les mêmes fréquences, celles que vous envoyez sont identiques à celles que vous recevez !

Si vous vous sous-estimez, ou si vous sous-estimez une autre personne, cela vous reviendra dessus tôt ou tard, ou cela est encore en train de se produire dans votre quotidien, alors, faites bien attention à ce que vous envoyez dans l'univers !

Faites le test ! Combien de fois avez-vous critiqué ou insulté les personnes de votre entourage ? Cela peut être des mots ou des pensées (faites attention aux deux!). Prenez-vous sur le fait accompli en vous piégant vous-même !

Mettez un enregistreur près de vous, dans votre poche ou sur une table et laissez tourner l'enregistreur pendant un petit moment, puis retournez à vos occupations ou allez discuter avec un ami.

Vous verrez aussi que même vos amis vous pousseront le plus souvent à la critique, ne rentrez pas dans le jeu !

Rebobinez et écoutez-vous parler avec votre ou vos amis au sujet d'un collègue de travail par exemple.

« - J'ai vu « untel » aujourd'hui, il avait un vieux manteau sur lui et avait l'air d'un miséreux !

- C'est vrai ! Quel pauvre type ! »

Rien que cette phrase peut vous amener les mêmes circonstances que l'individu dont vous êtes en train de parler, même en y songeant, rééduquez-vous et apprenez à respecter les gens, même si les circonstances n'y prêtent pas.

Je ne dis pas que l'exemple reflète exactement ce qu'il se dit dans votre entourage, mais à un moment ou à un autre de notre quotidien, nous ne pouvons nous empêcher de juger négativement directement ou indirectement, c'est dans notre nature.

Soyez constructif en ayant des pensées plus saines et de vous auto-analyser ! Tout ce qu'il vous arrive dans votre vie n'est il pas le résultat d'un comportement que vous avez eu auparavant, il y a quelques semaines ou dans un passé plus lointain et dont vous récoltez encore les fruits ?

Le problème réside uniquement à l'intérieur de vous, de ce que vous apprenez et ce que vous avez appris en jugeant et en étant jugé.

Évitez les personnes toxiques en leur souhaitant que leur situation change. Ce que vous direz de positif aux autres aura un impact sur vous-même, et si vous y croyez suffisamment, même si les rapports avec les personnes toxiques ne changent pas, il y aura une forme de magie en vous, cette chose qui vous permettra d'évoluer, car vous aurez souhaité le meilleur aux autres, et inversement, ceux qui vous critiquaient n'auront que ce qu'ils vous enverront. En aucun cas, vous ne devrez leur souhaiter du malheur, cela risque de retomber sur vous.

Intéressez-vous aux autres et vous deviendrez intéressant aux yeux du monde.

Prenez un peu de recul pour vous recentrer uniquement sur vous-même, et aussi, il faut être hermétique, vivre dans votre monde intérieur, le monde est ainsi fait et vous ne pourrez pas le changer. Par contre, vous pouvez changer pour tirer tout ce qui vous entoure à votre avantage.

Dans quelle position vous voulez être par rapport à lui ? Un acteur ou un spectateur ? Un meneur ou un suiveur ?

7) *Avoir une autre perception de soi-même*

Vous êtes à la fois acteur et spectateur de votre existence !

Si le monde qui nous entoure nous perçoit d'une certaine manière, ce n'est que la conséquence de ce que vous avez envoyé aux autres, ce retour d'image vous a affecté créant en vous vos propres démons.

Il n'y a que vous qui avez créé cette situation inconsciemment, et même si vous étiez trop jeune pour vous en rappeler, ce n'est pas uniquement des mots ou des pensées, mais aussi des à-priori, la manière dont vous ressentez les individus qui créent votre monde.

Il y a toutefois la possibilité d'inverser la tendance, en premier lieu, il faut apprendre à s'aimer, s'accepter tel que nous sommes, et que nous pouvons nous améliorer.

Aussi, le fait de juger tout ce qui est autour de vous agit comme un repoussoir, il y a énormément de magie tout comme il peut y avoir beaucoup de sorcellerie dans ce que vous ressentez.

Vous ne connaissez dès lors qu'un seul monde, celui que vous avez créé, en attirant à vous les gens et les circonstances en rapport direct avec votre monde intérieur.

Voyez les autres comme ils voudraient vous voir, et essayer d'avoir leurs yeux. Le monde qui vous entoure est le reflet de ce que vous êtes. Rappelez-vous que l'univers est un gigantesque miroir et vous êtes le miroir de l'univers.

En rapport avec ce que j'ai évoqué précédemment, nous allons jouer à un jeu, mais cette fois-ci, rien à écrire, tout se passe dans votre inconscient.

Dans un premier temps, essayez d'imaginer l'individu qui serait en face de vous, cela peut être une connaissance, un membre de la famille ou autres, Comment vous percevez vous ? En bien ou en mal ? Que porte-t-il ? Comment parle t il avec vous ? Décrivez la personne en vous dans votre inconscient !

Pour que l'exercice fonctionne, il faudra penser à deux types d'individus, une en dessus et une en dessous de vous socialement.

Vous allez tenter de vous imaginer en face de vous-même, faites comme si vous vous regardiez dans un miroir, si nous partons du principe que chaque individu et événements sont le reflet de nous même

Il suffit de se glisser dans la peau d'une personne qui est en face de vous.

Essayez de vous détailler de la tête aux pieds, quels vêtements portez-vous ? Comment vous semblez être ? Introverti ou extraverti ? Comment vous exprimez vous ?

Pour celle en dessous de vous, décrivez-la en détails, sa gestuelle, sa façon de s'exprimer, de bouger, ce qu'il porte comme vêtements (son style), ensuite, essayez de vous mettre à sa place, et de vous décrire selon ses propres critères

Observez votre façon de réagir, de bouger et de vous exprimer, et vous verrez vos propres défauts.

Faites de même avec la personne qui est au-dessus de vous socialement, prenez sa place et observez-vous ! Pourquoi votre supérieur se comporte d'une certaine manière avec vous ?

Vous arriverez à cerner vos propres problèmes. Si vous avez cette capacité à voir chez les autres ce qui ne va pas chez vous.

Quels seraient les points à améliorer selon vous dans ce que vous êtes ? Vos vêtements ? Votre comportement ? La manière de vous exprimer ?

Avec le regard extérieur, essayez de vous critiquer, et trouvez au travers du regard des autres ce qu'il faudrait améliorer !

Entrainez-vous devant un miroir, avec la caméra de votre smartphone ou votre magnétophone

Tentez d'améliorer votre personne et de le diriger vers votre idéal, selon comment les autres aimeraient vous percevoir, en faisant le point sur vos défauts et en tentant de les corriger, vous apprendrez à vous aimer de plus en plus, vos relations ne s'en porteront que mieux et on vous appréciera pour ces petits changements (même mineurs), et ainsi ce que vous êtes devenu.

Une phase de vos croyances sur vous-même s'en trouveront modifié, en apprenant à vous aimer.

Observez les aspects positifs de ces personnes en vous disant qu'il est toujours possible pour eux de s'améliorer ou de vous apprécier cherchez les qualités chez les autres, et en retour, ces mêmes personnes vous en trouveront

faites l'expérience de voir le positif chez les personnes négatives, vous découvrirez un trésor

8) Changer son monde intérieur

L'ensemble de ce que vous faites ou de ce que vous avez fait, définit ce que vous êtes !

Apprenez à vous changer vous-même avant de tenter de changer les autres ! Percevez les événements et les personnes différemment, et c'est ce qu'il se produira.

Nous devons tous apprendre à faire la paix avec nous même et avec les autres, je sais, c'est loin d'être évident, mais il est important de reconsidérer le monde qui nous entoure, il est ce qu'il est, nous ne pouvons le changer, mais ce que nous pouvons faire, c'est changer notre monde intérieur, afin d'attirer à soi les bonnes circonstances dans notre vie.

Passant par des phases de transitions entrer l'enfance et l'âge adulte. Chaque étape de notre vie change d'environnement, et par-dessus tout, nous changeons notre fréquence interne.

En réalité, il ne s'agit pas des événements qui affectent notre perception de notre environnement, c'est l'interprétation que l'on en fait. Le monde extérieur est ce qu'il est, nous ne pouvons le changer dans la plupart des cas, mais ce qui est possible de faire, c'est de réinterpréter la vision que l'on en a, redéfinir son monde intérieur.

Essayez de faire l'expérience suivante, mais je vous recommande vivement de ne pas tenter d'interaction directe avec votre entourage !

Entraînez-vous à faire des affirmations positives dans votre imagination en commençant par ce que vous aimez le plus en vous, ressentez les effets bénéfiques de cette première affirmation !

Ensuite, en reproduisant le même sentiment, vous allez penser à quelque chose que vous aimez le moins, et faites ceci pour une seule chose, je vous conseille quelque chose de plutôt abordable, ne visez pas trop haut, car pour votre subconscient, ce que vous pensez doit rester dans le domaine du crédible et du probable. Il doit avoir la conviction que cela peut se réaliser.

Créez la connexion entre le sentiment éprouvé pour ce que vous aimez le plus, et ce que vous pensez de vous en négatif.

Apprenez à aimer ce que vous détestez, je vous préviens, c'est assez déstabilisant comme situation, car la connexion n'est pas vraiment faite, car vous êtes programmé depuis longtemps à ne pas vous apprécier. Mais au fur et à mesure que vous penserez du bien de vous en y incluant le sentiment de ce que vous aimez le plus, votre esprit va s'habituer au bout d'une période allant de 30 à 90 jours, si vous le faites régulièrement tous les jours, cela s'inclura progressivement, et la confiance grandira en vous.

Changez votre angle de vue, regardez le monde extérieur différemment, prenez de la hauteur et ne pensez plus à l'inaccessible ! Quand vous vous dites que quelque chose est trop cher, vous n'aurez jamais les moyens de vous l'offrir, au contraire, quand vous vous dites que vous avez les moyens d'acheter tout ce qui vous fait envie, cela se produira, à la condition d'effacer ses anciennes croyances !

Faites des séances de conditionnement mental afin de vous en convaincre ! 20 mn à 1 h par jour, vous allez non seulement vous imaginer la personne que vous voulez être, mais en plus, vous allez vous ressentir comme telle.

Quand vous regardez une maison tout près de vous, qu'est-ce que vous vous dites générale-ment ? Que vous n'avez pas les moyens finan-ciers. Maintenant, je vous invite à regarder cette même maison plusieurs fois par jour s'il le faut, et de faire le comparatif avec quelque chose que vous pouvez vous offrir aisément, comme un téléviseur par exemple ! Ce qu'il faut faire, c'est une neuro-association entre le sentiment éprouvé et la pensée, et vous vous direz au fond de vous que ce que cette maison, vous pouvez vous l'offrir si vous le souhaitez vraiment. Si vous trouvez que tout ceci est absurde, c'est tout simplement que vous vivez encore dans votre ancien schéma avec vos vieilles croyances poussiéreuses, il s'agit avant tout d'un énorme travail sur soi-même et vos anciennes croyances ne vous mèneront nulle part si vous continuez à les entretenir.

Ne visez pas trop haut au début, allez-y par palier, et progressivement, voyant que ce que je vous dis fonctionne, la croyance s'installera, puis grandira, ensuite, vous pourrez passer au niveau supérieur.

9) gardez votre intérieur bien rangé

Votre petit nid douillet est l'endroit où vous passez le plus clair de votre temps, aussi est-il nécessaire de le garder dans un état agréable pour vous-même et pour les autres.

L'état de votre logement est le reflet de comment est votre esprit, tout est disparate, rien n'est clair, vous avez du mal à vous y retrouver, ni par quel bout commencer, qu'au final, vous êtes découragé.

10) Avoir une foi absolue

Avoir une fois absolue, c'est cette capacité à se détacher de tout ce que nous redoutons, et c'est celle-ci qui nous approche de la matérialisation et la réalisation de vos désirs.

Il est difficile de penser à deux choses à la fois, d'un côté, la perspective de gagner de grosses sommes, et de l'autre, songer à vos dettes, vos pensées doivent être authentiques, c'est-à-dire, basées sur le réel, dès lors, vous restez dans le même schéma, conscient et très terre à terre. Vos désirs doivent faire partie de votre nouvelle réalité, comme si vous l'aviez déjà obtenu, en clair, vous êtes le créateur de votre réalité et du monde qui vous entoure, si vous le regardez autrement, vous verrez des changements se produire.

Ne regardez pas les obstacles ! Il y en aura toujours dans la vie, et c'est aussi s'adapter à toutes les situations venant de l'extérieur, apprendre à faire en sorte que cela ne vous affecte pas directement.

Tout ce que vous vivrez de négatif malgré la volonté de changement ne sont que des soubresauts de vos anciennes croyances, et le cycle est en train de s'achever pour se transformer en quelque chose que vous désirez, il s'agit de la loi de la gestation, il faut laisser le temps aux meilleures circonstances de votre vie, et durant ce temps, essayez de garder une constance dans vos pensées et dans l'idéal que vous voulez bâtir.

Ce que vous devez avoir en tête, c'est uniquement la destination, et des fois, il y a des obstacles dans la vie qui vous permettent de vous remettre dans le droit chemin, aussi étrange que cela puisse paraître.

11) être généreux

L'univers donne et en abondance, mais il ne faut pas oublier que vous en faites partie et l'énergie est faite pour circuler.

Si vous ne donnez pas à votre tour, l'univers risque de se montrer moins généreux envers vous. Rappelez-vous que vous êtes le reflet du monde qui vous entoure, et chaque individu que vous rencontrerez se souviendra de vous, et selon que vous aurez donné ou pas, vous n'obtiendrez pas ce que vous voulez !

Quand vous offrez, faites le de bon coeur, cela signifie qu'il ne doit y avoir aucune attente derrière vos dons, si vous le faites dans l'espoir d'obtenir plus, c'est comme si vous étiez dans un schéma de manque, car l'attente signifie aussi que vous n'avez pas en votre possession l'objet désiré.

12) Ne vous inquiétez plus pour vos problèmes et cherchez les solutions

Arrêtez de vivre dans le schéma d'inquiétudes de problèmes subsistants et n'en créez plus ! Créez les circonstances d'une vie meilleure, sans parasites extérieurs. Quand vous êtes dans l'inquiétude, vous « créez », c'est vous qui renforcez les circonstances de ce qu'il pourrait vous arriver.

Espérez le meilleur pour votre entourage, car ceux qui vous entourent ont une influence néfaste sur votre moral, il est nécessaire de garder le moins de contact avec ces personnes pour votre bien et le leur. Et quelque part, les aider les rend dépendants de vous, et leurs problèmes deviennent les vôtres involontairement.

Gardez-vous un climat sain et sans que les problèmes franchissent le seuil de votre porte, ils doivent rester dehors de votre maison pour ne pas qu'ils détruisent l'harmonie que vous tentez de créer.

13) être dans l'action

Maintenant que vous avez assimilé tous les principes que j'ai cités, il ne reste plus qu'à se mettre à l'action. Aussi puissant que le pouvoir de l'attraction puisse être, il demande un investissement qui va en direction du but recherché.

Je vous le rappelle, même si je l'ai dit déjà mainte fois, la magie est en vous, et vous êtes l'architecte de votre vie. On ne peut espérer voir les choses apparaître dans sa vie en attendant tranquillement dans son coin, ce serait trop beau.

Un édifice ne se construit pas tout seul juste en pensant, il faut se créer les circonstances afin d'aiguiller l'univers sur vos intentions, et laissez-le vous aider.

CHAPITRE 9 :
POUR ALLER PLUS LOIN

« Ce qu'il nous faut faire pour permettre à la magie de s'emparer de nous c'est chasser les doutes de notre esprit. Une fois que les doutes ont disparus, tout est possible. »
(Carlos Castaneda)

Pour conclure, je vais insister sur certains points qui me semblent importants pour que vous puissiez mettre tous les outils présents dans ce livre en application. Suivez bien ces dernières recommandations, elles vous seront précieuses.

Être en phase avec sa réalité

Savez-vous ce qu'il se passe quand vous craignez qu'une chose va se produire, ou que vous anticipez le comportement de votre entourage ? Par exemple, un accident de voiture, la visite d'un huissier, la plainte d'un voisin, suite à une querelle dans votre immeuble.

Vous constatez par votre grand désarroi que tout ce qui a été énuméré se produit effectivement, et si cela fonctionne dans le sens négatif, pourquoi il n'en serait pas de même dans l'autre sens ?

Votre esprit n'est pas habitué à autre chose que les scénarios « catastrophes » de la vie et vous vibrez à cette fréquence. Celle-ci est élevée et le déclencheur est la crainte.

De l'enfance à l'âge adulte, vous êtes devenu expert pour que la manifestation négative se produit, et elle domine encore votre vie.

Il y a fort heureusement des manifestations positives, mais elles se font plus rares, et vous ignorez par quel processus ce qui est arrivé vers vous s'est manifesté.

Quand nous étions enfants, nous étions enthousiastes d'ouvrir les cadeaux de Noël, mais cette énergie s'est perdu avec le temps, noyée dans les difficultés du quotidien.

Notre environnement est la manifestation de ce que nous avons désiré ou craint tout au long de notre existence. Mais il y a une chose qu'il est possible de faire pour obtenir de la vie tout ce que vous désirez, c'est de la reconsidérer ou de la voir autrement.

Si vous désirez une voiture neuve en ayant l'intime conviction que vous ne l'aurez jamais, c'est ce qu'il se produira, vous n'aurez rien, car votre fréquence vibratoire n'est nullement en phase avec ce que vous désirez. Le dire ou le penser, c'est bien, mais n'oubliez pas que tout est énergie et fréquences.

Vous devez avant tout être aligné à la bonne fréquence, c'est comme si vous deviez éprouver vos désirs sur un Talky-Walky ou une CB, mais que vous n'êtes pas sur le bon canal qui vous met en relation avec l'univers.

Ce qu'il faut, c'est trouver la fréquence pour que vous soyez aligné à l'univers et que vous puissiez interagir et demander ce que vous désirez. Ne soyez pas confus sur ce que vous demandez, il faut aussi que le désir soit clair et le message constant.

Comment procéder ?

Prenez en considération que tout ce qui vous entoure constitue votre univers et que vous en êtes le créateur.

Si vous pouviez dessiner le monde avec vos mains, vous traceriez un rond, d'ailleurs, si vous essayez de le faire, vous allez comprendre ou je veux en venir ! Joignez les deux indexes au-dessus de votre tête, puis dessinez un cercle avec vos doigts, en disant « mon monde », refaites-le encore une fois en ayant le sentiment de création.

Dès lors, vous êtes le créateur de votre réalité, de « votre monde », et j'aimerais vous poser cette question : dans ce monde, qu'aimeriez-vous qu'il y ait ? Comment souhaitez-vous voir votre entourage ? Comment estimez-vous votre vie ?

Soyez « le créateur de votre réalité ! ».

Voyez le monde tel qu'il est actuellement, chaque personne, et chaque objets ne sont que le reflet de vos désirs, vous ne pourrez pas les changer directement, mais vous pouvez avoir un autre regard sur eux.

Par exemple, si vous désirez avoir de la chance, il ne faut pas le demander, mais le choisir, et ancrer en vous cette nouvelle croyance pendant un mois, et cela, peu importe

les circonstances extérieures, elles s'atténueront avec le temps, concentrez-vous uniquement sur ça !

Votre réalité, celle que vous choisissez est que
vous avez de la chance ! Faites taire cette pensée latente de votre esprit, elle vous ment, et
ayez confiance ! Gardez « la foi ».

Dans votre réalité vous avez de la chance et
elle se manifestera à tout moment, seulement,
il faut laisser se terminer les cycles de l'ancien
schéma. Et je puis vous assurer que cela marche ! Croyez-le fermement ! Faites en « votre
réalité », c'est ici et maintenant !

Les pensées doivent être authentiques

Il ne faut pas se mentir à soi-même, car penser
à une chose désirée, sans avoir la conviction
profonde qu'elle arrivera ne vous apportera
rien !

Le tout est d'atteindre ce sentiment d'auto-
conviction, et pour cela, il faut entraîner son
esprit à viser cet objectif, penser à une chose
doit être cohérent et probable (cela peut éven-
tuellement se produire), votre subconscient

l'acceptera mieux. De ce fait, faites l'essai avec un tout petit objectif à réaliser dans une période de 90 jours.

Si vous visez trop haut, voici ce qu'il risque de se produire, vous aurez des vertiges et la nausée, car quelque chose ne sera pas en harmonie avec votre subconscient, par exemple, se donner comme objectif d'avoir des millions d'€uros, tenter de forcer le mécanisme de vos pensées avec quelque chose qui n'est pas en accord avec votre for intérieur, tout ce que vous récolterez, ce sera des étourdissements due à une confusion de l'imaginaire et du réel !

Créez en premier lieu la croyance que ce que je vous dis fonctionne en faisant des petits essais avec quelque chose de « possible », votre esprit va trouver toutes les solutions pour vous y mener.

d'où l'intérêt de commencer petit, l'idée que vous avez (ou aurez) sera mieux assimilable.

C'est comme si vous alliez dans une piscine climatisée, avec une température extérieure de 40°c, le soleil battant en plein zénith.

Si l'eau est à température ambiante, vous y rentrerez sans problème, et même vous ferez des plongeons, mais si celle-ci a une température glaciale, vous risquerez un choc thermique.

Par contre, en augmentant la température de l'eau ou si l'air se refroidit, cela deviendra un peu plus supportable pour votre corps, il s'adaptera progressivement.

Voilà comment fonctionne votre subconscient, même s'il n'accepte pas l'idée qui lui semble incohérente, il est possible de lui faire accepter à petite dose.

Pour arriver à vos fins, vous devez impérativement stopper net avec les excuses et devenir plus responsable. Tout le monde a cette capacité si on s'en donne les moyens.

Soyez responsable de ce que vous pensez !

Quand vous imaginez quelque chose d'improbable pour votre esprit subconscient, il vous murmurera « c'est une blague ? ».

Si vous avez envie d'une montre de marque qui vous est abordable, vous la paierez sans problème, avec votre argent.

Pour ce qui est d'avoir la gamme au-dessus, il faudra y mettre le prix et c'est ici qu'intervient la responsabilisation, est ce que vous avez les moyens de vous l'offrir ? Ce petit cran au-dessus vous sera nécessaire pour la suite et votre esprit trouvera le moyen de vous aider à y parvenir dans la mesure de son possible, et sans vous mettre dans la difficulté.

Quels moyens utiliserez-vous pour l'obtenir ?

Quel sacrifice seriez-vous prêt à faire ? Mettre de l'argent de côté et faire abstraction du superflu.

Cette montre de marque viendra dans votre réalité, car il y aura la responsabilisation , l'intention et la pensée authentique, celle qui vous murmure que vous pouvez avoir cette chose, elle est presque à votre portée, encore un effort et vous l'obtiendrez !

La pensée doit être positive

Gardez toujours des pensées saines et vous dire que vous pouvez y arriver.

Dans le cas de la montre de marque que vous enviez, ne soyez pas dans la constante contradiction avec vous-même.

Il est certain que si vous vous dites que vous n'avez pas les moyens, vous ne l'obtiendrez pas ! Établissez votre plan intérieur pour y parvenir, en vous disant que ce sera possible (et ça l'est !).

Mettez en place votre plan d'action intérieur, gardez à l'esprit que cela se réalisera puisque c'est abordable, en mettant de l'argent de côté en faisant des sacrifices, en faisant des heures supplémentaires, en clair, sortez de votre zone de confort, sinon, vous ne ferez que rêver de cette montre.

Vous pouvez y arriver, donnez-vous les moyens, devenez responsable, et vous vous promènerez avec ce que je pourrais appeler « l'accomplissement », soyez fier de vous !

Ce simple événement sous la forme d'une montre vous prouve à vous-même que vous pouvez vous dépasser

Les pensées doivent créer de nouveaux chemins d'accès et c'est à vous d'orienter vos pensées vers le but ultime, en y incorporant des étapes, construisez petit à petit le pont entre votre réalité actuelle, et celle que vous voulez ! Créez votre plan intérieur !

Culture du positif

Apprenez à entretenir des pensées saines, et sans interférences externes !

Émerveillez vous du monde qui vous entoure, et tout ira pour le mieux si vous le faites, ne vivez pas dans la crainte d'un événement, de toute façon, il se produira, et alors ? La vie est faite de hauts et de bas, mais ce qui importe en fin de compte, c'est l'instant présent.

En regardant en arrière, malgré les événements négatifs, il y a une chose à retenir, vous êtes encore en vie ! Il y a des moments ou les choses ne vont pas comme on le voudrait, mais sachez ceci !   Ces mauvaises expériences vous ont motivé à changer de cap, et il y a eu, suite a des événements douloureux, des moments de joies intenses.

Donc, quoi qu'il arrive demain, après-demain ou dans un mois, arrêtez d'avoir peur, cela n'engendre que de mauvaises vibrations. Et plus vous verrez la crainte de voir quelque chose se produire, et plus vous attirerez vers vous toutes les circonstances qui la concrétisera.

Quand le mécanisme est lancé, rien ne peut l'arrêter, toutefois, il est possible d'en atténuer les effets, en l'orientant vers le positif, pour cela, je vous donne une phrase à dire tous les jours.

Notez -la pour qu'elle ait plus d'impact sur un bout de papier que vous garderez dans votre poche.

« Aujourd'hui est une bonne journée, la meilleure de toutes, et demain, elle sera de mieux en mieux ! »

Utilisez cette phrases autant que vous le voulez, quand vous avez un coup de déprime et que vous avez envie de baisser les bras à cause des événements externes, faites en abstraction un instant, le temps de dire cette phrases, prenez du recul et trouvez refuge dans votre esprit et reprenez confiance en vous !

Le principe FIDI

Il s'agit d'un principe pouvant vous faire évoluer vers une vie meilleure, en dépassant tous vos blocages vous empêchant d'accéder à une vie meilleure en atteignant votre but.

En quoi consiste t'il ?

Les initiales FIDI signifient « Force », « Interactions », « Détermination » et « Intention ou Investissement ».

Pour vous en rappeler, ce sont les mêmes initiales que l'allocution en anglais « F** ! I'll Do It ! », mais en évitant la vulgarité, je vais vous le traduire : « Ho zut ! Je Vais Le Faire ! »

Afin de vous donner plus amples informations sur le principe FIDI, je vais le décortiquer pour vous !

Tout d'abord, « la Force », qui n'est pas forcément lié à la condition physique, à moins de s'orienter vers des carrières de boxeur ou d'haltérophile

La vraie force réside dans son coeur et dans sa tête, nous pouvons parler de force émotionnelle tout d'abord, car nombreux sont ceux qui s'endurcissent avec le temps, qui supportent le mieux les coups durs de la vie, et d'avoir une capacité mentale de palier à toutes les difficultés avec philosophie, ne se lamentant pas, mais au contraire pouvant surmonter les épreuves en voyant le côté positif.

C'est cette capacité de ne pas se replier sur soi-même et de supporter tous les événements, sans dramatiser et y faire face.

Nous sommes tous bâti sur le même moule, la chose qui a modifié votre force intérieure sont les interactions humaines et les coups durs (comme cité plus haut)., nous avons tous une réserve intérieur de force qui reste en sommeil.

Et quand vous vous sentez en vie, vous êtes capable, vous respirez, et vous pouvez vous comporter d'une certaine manière avec le monde extérieur, et surtout, vous pouvez toujours vous relever et montrer votre vrai potentiel qui rumine en vous.

La Force, c'est aussi dépasser ses peurs et ses doutes pour aller de l'avant pour aller de l'avant d'où le mont vulgaire « F** » (Ho zut, j'ose !).

Oubliez-les « On dit que », faites le pour vous-même, si vous avez choisi un chemin, ne laissez personne vous en détourner ! Lancez-vous et peu importe ce que l'on dira sur votre dos. Surtout que les trois quart n'auront pas le courage de faire ce que vous aurez entrepris.

Les critiques sont les réponses des faibles ! Gardez ceci à l'esprit !

Alors allez y avec votre coeur et votre tête et non par rapport aux autres !

Ensuite, pour ce qui est de « l'Interaction », nous en avons tous besoin pour avancer vers la voie du succès, à moins d'être comme le chat de Karl Lagerfield prénommé « Choupette » qui a hérité de la fortune de son maître sans rien demander et sans intention de devenir riche, la seule interaction se résumait à des miaulements, et pour vous, il vous faudra bien plus que cela, cela coule de source.

Les interactions sont utiles dans la société pour se faire connaître, rencontrer des amis ou l'âme sœur, ou encore trouver l'emploi de nos rêves.

Imaginez un instant un monde sans Interaction, il ne se passerait rien !

Avez-vous envie d'obtenir tout ce que vous désirez ?

Il faut l'exprimer, tout ne se devine pas. Vous ne verrez la fille de vos rêves débarquer chez vous alors qu'elle ne vous connaît pas, ou ne connaît pas vos intentions, ni le patron d'une entreprise sonner chez vous, à moins d'un incroyable concours de circonstances, pour vous dire « vous commencez demain ! » alors qu'il ne vous connaît pas !

Le seul cas en ma connaissance ou vous rencontrerez des personnes sans interaction sera quand vous donerez « lettres mortes » à des relances de paiement, de ce côté-là, vous verrez un beau jour débarquer un huissier, et je doute que c'est ce que vous souhaitez vraiment, et cela ne vous apportera que du négatif (l'inverse ne s'étant jamais rencontré)

L' « Interaction » constitue le « I » de « I'll » (« je vais » ou « j'Irai » en anglais) qui signifie le fait d'aller, d'agir, ou de faire, le « I » peut être aussi, « l'intention de ».

Concernant le « D » de « Détermination », que veut dire ce terme ? Cela signifie s'accrocher à ses idées, croire en ses projets.

Vous voulez réussir ? Voici l'un des ingrédients essentiels, celui de faire face aux épreuves, naviguer malgré la tempête, ne pas s'arrêter en cours de route.

Pour vous citer quelques exemples de personnes déterminées, il y a les sportifs n'abandonnant pas face aux échecs, et voulant tout le temps se perfectionner, les personnes perdues dans le désert essayant d'avancer coute que coute jusqu'à la civilisation, ou même moi en tant qu'écrivain voulant finir mon livre pouvant changer la vie de milliers de personnes.

La détermination, c'est garder un point fixe, une cible, malgré les idées reçues et les découragements.

C'est croire en ses projets et de tout tenter pour les mener à destination

Le « D » de « Do » (« Faire » en anglais), signifie « agir en conséquences, être dans l'action et de s'y tenir jusqu'au bout.

Et pour finir, le dernier « I » qui concerne « l'Investissement »

À quel point êtes-vous investi dans vos projets ? Combien de temps consacrez-vous à celui-ci par jour ou par semaine ? À moins d'être parmi les procrastinateurs velléitaires, qui ne cessent de changer d'avis dès qu'une difficulté se présente, ou que vous estimez que tout peut encore attendre. Arrivé à la fin de sa vie, on se retourne et l'on se dit « qu'ai-je donc raté comme occasion dans la vie ? »

Et pourtant, il est simple de s'investir et de progresser (je vous assure que oui !)

En apprenant tous les jours de nouvelles choses, ne regardant des vidéos sur le sujet, en assistant à des cours ou en lisant des livres sur le sujet qui traite de votre projet, en vous focalisant uniquement sur ce même point, concentrant toute votre attention sur celui-ci, vous devenez mieux entraîné, un peu plus professionnel.

N'attendez pas que les résultats viennent tout de suite, mais félicitez-vous des progrès vous permettant de les obtenir.

Gardez toujours cette même idée en tête, même si cela vous semble compliqué. Soyez curieux, et si vous ne l'êtes pas, c'est que vous n'êtes pas suffisamment investi dans votre projet. Il y aura des difficultés, des moments de découragements, mais dans tous les cas, ne renoncez jamais, car cela sonnerait votre perte.

Et plus vous avancerez, et plus vous le verrez grandir, les idées les unes après les autres se faisant plus précises dans votre esprit, l'image que vous en aurez se fera plus nette en incluant à la forme une émotion, puis plusieurs, vous aurez la perception d'une nouvelle réalité dans votre esprit, ce lien entre deux mondes, à la frontière entre le rêve et la réalité.

Votre projet, c'est votre bébé, ne le laissez pas mourir de faim ! Aussi, un bébé ne peut s'échanger parce qu'il ne vous plait pas, dans ce cas, cela voudrait dire que vous n'êtes pas suffisamment responsable.

Sur ces propos, je me rappelle d'un jeu apparu vers le fin des années 90, cela s'appelait « les Tomagoshi », un animal virtuel qu'il fallait nourrir. Cela avait la forme d'un œuf, et il tenait dans la poche.

Nombreuses personnes ne s'en souviennent pas, car le pauvre animal virtuel a sûrement atterri dans le fond d'un placard chez elles, mort de faim.

Votre investissement, c'est votre « Tomagoshi », votre « bébé », et quand nous voulons quelque chose, il est de notre responsabilité et de notre engagement d'y aller jusqu'au bout, sinon, nous continuons de zigzaguer dans la vie au lieu d'aller en ligne droite (qui est le chemin le plus court).

Le « I » de « It » en anglais symbolise l'objet (le « it »), vous le voulez ? Alors engagez-vous !

Pour conclure sur le principe « FIDI », vous disposez de tous les éléments vous permettant d'avancer, et quand un obstacle se dresse contre vous, dites-vous « F**, I'll Do It ! » et sans doute que beaucoup me poseront la question du pourquoi je ne mets pas le mot « F** » en entier, parce que c'est un livre tout public.

Pouvoir de la création
À essayer !

Nous allons faire une petite expérience ! (Si votre esprit est prêt à cela !)

Posez un verre d'eau sur la table ou un autre objet de votre quotidien ! Il servira de d'ancre avec le monde réel.

Voyez-vous comme quelqu'un qui a obtenu tout ce qu'il désirait, concentrez-vous sur ceci, et faites le tour de tout ce qui vous fait envie.

Si vous désirez une voiture de sport par exemple, ne pensez pas à l'aspect financier de celle-ci, ni à tout ce qu'il y a autour, juste à la voiture, focalisez la, imaginez la toucher, la froideur du métal, la texture du cuir, sa couleur, enfin tout, comme si elle était là, tout près de vous ! Ressentez vos mains sur le volant, sentez l'intérieur neuf de celle-ci et dans votre imaginaire, détendez-vous dedans et ressentez tout ce qui s'y rapporte, sentez-vous cette joie intérieure ?

Je vais vous faire un aveux ! Ce à quoi vous avez pensé, c'est en train de se produire ! L'objet de vos désirs existe quelque part, rien que pour vous, et plus vous vous concentrerez là-dessus, et plus l'objet se matérialisera. C'est plutôt enthousiasmant tout ça.

Vous n'y croyez pas ? Alors, cela n'arrivera pas ! Et si au fond de vous réside un doute latent, cela ne fonctionnera pas non plus ! Il faut pour attirer à vous tout ce que vous désirez une foi absolue, sans triche, ni arrière-pensée, et je vous invite à vous en convaincre vraiment !

Vous allez vous imaginer posséder cette voiture et qu'elle est garé quelque part sur un parking, et le verre d'eau sert à faire le lien entre deux réalités la vôtre, et le monde extérieur.

Maintenant, regardez votre verre d'eau, si celui-ci est réel, la voiture l'est également, dites-vous ceci au fond de vous ! Puis regardez tout autour de vous en ayant en tête cette voiture de sport, ne pensez à rien d'autre, ni au pourquoi et au comment, juste ce à quoi vous songez.

Puis, vous allez ramener cette voiture dans la réalité, en faisant le lien avec un objet réel, tel le verre d'eau.

Je vous recommande de penser à cette voiture pendant plusieurs jours, voir, un mois, cela fait partie de votre réalité, elle existe quelque part rien que pour vous !

Au début, c'est assez étourdissant car votre esprit sera en conflit, intérieurement quelque chose vous fera comprendre que tout ce que vous pensez est faux, alors que de l'autre côté, vous imaginez que c'est vrai. Mais au fil du temps, vous en serez pleinement convaincu, grâce à la répétition.

Poussez votre esprit à vous en convaincre, sans espérer que cela se réalise, ni fixer de date, juste se dire que cela va se produire ! Cela ne

veux pas dire que, si vous pensez à une voiture, elle vous attendra sagement sur le parking
le lendemain, l'univers suivra un processus
vous y amenant en réajustant la trajectoire de
votre point actuel jusqu'à destination, les problèmes en cours ne s'arrêteront pas comme ça,
il ne faut pas rêver,   mais il est impératif de ne
plus réenclencher le processus en vous disant
« je n'ai pas de chance ! », « ça ne marchera
jamais ! », « je suis trop nul ! », etc……

CONCLUSION

Nous arrivons à la fin de ce livre, en espérant vous avoir donné bon nombre d'éléments de réponses.

Comme je l'ai dit, ce livre a été conçu de manière détaillée, en étant à la fois précis et complet. Toutes les réponses que vous attendiez sont ici présentes, et si vous apprenez à bien utiliser tous les principes cités, du moins, si vous commencez à y songer, vous verrez des choses merveilleuses arriver dans votre vie.

Vous l'aurez compris, il n'y a qu'une seule magie, celles qui est en vous, à la fois l'acteur et le spectateur, ce que vous pensez de vous-même et des autres créé votre réalité, vous êtes à la fois le maçon et l'architecte, deux formes de créateurs, celle qui est dans votre esprit et qui dessine les plans, et l'autre qui pose les matériaux pour construire la demeure de toute votre destinée. C'est cette notion qui semble à la fois facile à mettre en application, mais difficile à expliquer tellement il y a de subtilités dans l'univers, mais si vous faites exactement ce qui est expliqué dans ce livre, cela se matérialisera comme je l'ai dit au début du livre.

Juste une chose que tous les auteurs en développement personnel ne vous ont pas évoqué, il y a un une contrepartie et je tiens vraiment à vous en parler car c'est très important ! Ne vous laissez pas distraire par ce qui se matérialisera sous la forme d'une ombre aux yeux verts que l'on appelle « le Shakiman », selon une légende celte, elle passera vous rendre visite quand vous serez au repos, elle vous réveillera et vous paralysera en prenant une partie de votre énergie, c'est le prix à payer et le risque, ai-je dit que c'était sans risque ? Si je vous en avais parlé avant, est ce que vous auriez toujours été tenté de connaître le secret ?

Mais il y a une parade si vous ne souhaitez pas avoir cette visite (qui risque quelque peu de vous choquer), prenez quelque chose qui vous servira de boîte, mettez-y un objet de valeur, celui auquel vous tenez le plus ! Une bague par exemple fera l'affaire ! C'est une forme de sacrifice de votre ancienne vie, puis refermez-la avant minuit !

Quand vous ouvrirez le lendemain à la même heure, vous y découvrirez quelque chose de curieux, l'objet que vous aurez déposé aura disparu, par contre, il y aura une note sur laquelle il sera noté quelque chose d'assez troublant !

Aimeriez-vous savoir ce qu'il y a dessus ? J'espère que vous aurez le coeur bien accroché, car certains ont eu du mal à s'en remettre !

Je vous le dis quand même, il y a noté dessus « est ce que vous croyez sincèrement qu'une ombre aux yeux verts apparaîtra à vous pendant votre sommeil ? », je vous ai bien eu hein ? (qu'il est taquin l'auteur !)

Rassurez-vous! Il a les yeux rouges ! (je plaisante encore!), mais si vous faites exactement tout ce qui est dit dans ce livre (hormis l'histoire de la boîte et de l'ombre aux yeux verts quelques lignes plus haut), cela se produira, soyez en sûr !

Dans tous les cas, je vous souhaite à tous et à toutes de réussir dans tout ce que vous entreprendrez dans votre vis grâce à ce livre, et n'oubliez pas ! Vous êtes le seul créateur de votre réalité ! Et comme le disait Walt Disney

« Si vous pouvez l'imaginer, vous pouvez le réaliser ! »

amicalement

Yoann MERITZA

SUGGESTIONS DE LECTURES

ÉDITIONS BOD

- SUCCÈS GARANTI
Yoann MERITZA

- COMMENT REPROGRAMMER SON SUBCONSCIENT ?
Yoann MERITZA

UN MONDE DIFFERENT

— RÉUSSITE MAXIMUM
Max PICCININI

— CONFIANCE ILLIMITÉE
Franck NICOLAS

— LA LOI DE L'ATTRACTION
Michael J. LOSIER

- LE SECRET
Rhonda BYRNE

EDITIONS BELIVEAU

— 7 INGRÉDIENTS ESSENTIELS POUR MAITRISER LA LOI DE L'ATTRACTION
Jack CANFIELD – Mark Victor HANSEN – Jeanna GABELLINI – Eva GREGORY

POCHE MARABOUT

— LA METHODE COUÉ
Emile COUE

— LA PUISSANCE DE LA PENSÉE POSITIVE
Norman Vincent PEAL

MACRO EDITIONS

- VOUS ETES NE RICHE
Bob PROCTOR

EDITIONS FIRST

- LE PETIT LIVRE DE LA LOI DE L'AT-TRACTION
Slavica BOGDANOV

EDITIONS DU TRESOR CACHE

- LES SECRETS D'UN ESPRIT MILLION-NAIRE

T Harv EKER

J'AI LU

— LE CODE SECRET DE VOTRE DESTIN
James HILMAN

— ACCOMPLISSEZ VOTRE DESTINÉE
Wayne W. DYER

— QUAND ON VEUT, ON PEUT !
Normann Vincent PEAL

— COMMENT RÉUSSIR VOTRE VIE ?
Dr Josephe MURPHY

LE LIVRE DE POCHE

— COMMENT SE FAIRE DES AMIS
Dale CARNEGIE

— COMMENT PARLER EN PUBLIC
Dale CARNEGIE

EDITIONS ASKA

— PLUS MALIN QUE LE DIABLE
Napoléon HILL

- EDITIONS « POUR LES NULS »

- LA LOI DE L'ATTRACTION POUR LES NULS
Slavica BOGDANOV

EDITIONS ADA

— LES SECRETS DE LA RÉUSSITE
Sandra Anne TAYLOR

- ATTIREZ CE QUE VOUS DESIREZ
Mélodie FLETCHER

EDITIONS BUSSIERE

— LA PORTE SECRÈTE MENANT A LA RÉUSSITE
Florence Scovel SHINN